topfit
Deutsch

Lesekompetenz 1 für die Jahrgangsstufen 5/6

Herausgegeben von Christiane von Schachtmeyer
Verfasst von Beate Rudolph

Oldenbourg

Umschlagkonzept: Mendell & Oberer, München
Gestaltungskonzept, Layout und Umschlag: Erasmi & Stein, München
Lektorat: Anne-Kathrein Schiffer
Herstellung: Jakob Buxeder, München
Illustration: Cleo Petra Kurze, Berlin
Satz: Popp Media Service, Augsburg
Reproduktion: Rehms & Brandl GmbH, München

www.cornelsen.de
www.oldenbourg.de

1. Auflage, 4. Druck 2020

Alle Drucke dieser Auflage sind inhaltlich unverändert
und können im Unterricht nebeneinander verwendet werden.

© 2007 Oldenbourg Schulbuchverlag GmbH, München
© 2017 Cornelsen Verlag GmbH, Berlin

Druck: H. Heenemann, Berlin

ISBN: 978-3-637-00431-3

PEFC zertifiziert
Dieses Produkt stammt aus nachhaltig
bewirtschafteten Wäldern und kontrollierten
Quellen.

www.pefc.de

PEFC/04-31-1156

Sehr geehrte Kollegin, sehr geehrter Kollege!

Die Reihe *topfit Deutsch* besteht aus Übungsheften zu den Bereichen „Grammatik und Zeichensetzung", „Rechtschreiben" sowie „Argumentieren/Erörtern" und „Lesekompetenz". Die Hefte sind für die Verwendung in Ihrem Unterricht konzipiert und sind **lehrwerksunabhängig** aufgebaut. Sie können als **begleitendes Zusatzmaterial** zu dem in Ihrer Schule eingeführten Lehrwerk, aber auch zur **Vorbereitung für Klassenarbeiten / Schulaufgaben** oder für **Hausaufgaben** genutzt werden.

topfit Deutsch verfolgt die Ziele,
– Grundkompetenzen des Faches Deutsch zu festigen und zu vertiefen,
– für sogenannte Vergleichsarbeiten/zentrale Leistungsüberprüfungen zu üben,
– eigenverantwortliches Arbeiten zu trainieren,
– an Stationen und Werkstätten zu arbeiten,
– in Einzel- und Partnerarbeit zu unterrichten.

Die Hefte zur Lesekompetenz
Die Hefte *topfit Deutsch* „Lesekompetenz 1-3" bieten Schüler/innen die Möglichkeit, ihre Lesekompetenz durch das Trainieren verschiedener Lesestrategien (oder Lesetechniken) zu erweitern und zu vertiefen. Die Lesestrategien werden pro Heft an literarischen und an Sachtexten (auch diskontinuierliche Texte wie z.B. Tabellen, Diagramme etc.) trainiert.

Die Hefte trainieren darüber hinaus das schriftliche Zusammenfassen von Texten, z.B. die **Inhaltsangaben**.

Übungseinheiten
Der Aufbau einer Übungseinheit folgt den Schritten der Texterschließung: Orientierendes Lesen, Fragen an den Text stellen, Schlüsselwörter markieren etc.
Die Übungen selbst folgen in der Regel der **Methodik des Dreischritts**: Jeder zu trainierende Aspekt wird in der Regel <u>dreimal</u> geübt, wobei die erste Übung die einfachste darstellt, die letzte hingegen die anspruchsvollste. Die Übungen bauen also in ihrem Schwierigkeitsgrad aufeinander auf.

Zusammenspiel von Form und Inhalt
Die zu erschließenden Texte werden mit **größerem Zeilenabstand** und einem **Bearbeitungsrand** abgedruckt, in den Schlüsselwörter etc. eingetragen werden können. In den Texten selbst sollen Texterschließungsverfahren wie „In Abschnitte einteilen" etc. eingetragen werden.

Gesamtübungen am Ende einer Einheit
Am Ende einer Einheit werden meistens alle trainierten Phänomene in einer Gesamtübung wiederholend vertieft und somit gesichert. Die Gesamtübungen folgen im Aufbau und in den Aufgabenformaten der Konzeption der **zentralen Lernstandstests bzw. Vergleichsarbeiten** und umfassen ca. 2-4 Seiten. Dabei werden sowohl **geschlossene Aufgabenformate** (z.B. Multiple choice) als auch **offene Aufgabenformate** (z.B. Schüler sollen die Aussage eines Textabschnitts in einem Satz zusammenfassen etc.) angeboten.

Heraustrennbarer Lösungsteil
Ein heraustrennbarer Lösungsteil dient der Überprüfung und kann zur **Selbstkontrolle** durch die Schülerinnen und Schüler herangezogen werden. Er bietet außerdem **Muster-** bzw. **Orientierungstexte** an.

Wir wünschen Ihnen einen entspannten Unterricht und guten Erfolg!

Die Herausgeberin und die Autoren von *topfit Deutsch*

Einführung

Lesetraining

Literarische Texte verstehen

Sach- und Gebrauchstexte verstehen

Genaues Lesen – Aufgabenstellungen verstehen

Das Verstehen der Aufgabenstellung ist immer Voraussetzung für die erfolgreiche Bearbeitung einer Aufgabe – ganz gleich in welchem Unterrichtsfach!
Manche Aufgabenstellungen beinhalten nur einen einzigen Arbeitsauftrag, z.B.:
Lies den Text sorgfältig durch. Umfangreiche Aufgabenstellungen können mehrere Arbeitsaufträge bzw. Arbeitsschritte (**mehrteilige Aufgaben**) umfassen. Je umfangreicher die Aufgabenstellung ist, desto genauer musst du sie lesen, damit du auch wirklich alle gestellten Teilaufgaben erkennst.

Tipps für das Verständnis einer Aufgabenstellung:
1. Lies die Aufgabenstellung konzentriert durch, gegebenenfalls auch mehrmals!
2. Mache dir die einzelnen Arbeitsschritte klar („Was genau soll ich tun?") und kennzeichne sie gegebenenfalls mit unterschiedlichen Farben.
3. Wiederhole für dich die Aufgabenstellung bzw. die einzelnen Arbeitsschritte („Was genau ist meine Aufgabe?").
→ **Plane dafür immer ausreichend Zeit ein!**

Anforderungen erfassen – Arbeitsaufträge von einfach bis umfangreich

1 Schreibe drei Aufgabenstellungen (z. B. aus diesem Übungsheft) auf, die nur einen einzigen Arbeitsauftrag enthalten. Falls dir Aufgabenstellungen aus anderen Fächern einfallen, kannst du auch diese notieren.

_____

_____

_____

2 Unterstreiche in den folgenden Beispielaufgaben die einzelnen Arbeitsaufträge mit unterschiedlichen Farben.

3 Erkläre, was du bei den folgenden Aufgabenstellungen jeweils *zuerst* und was du *anschließend* tun sollst. Welche Begriffe musst du für dich klären, z. B. Nomen oder Märchen?

Aufgabenstellung	Das ist meine Aufgabe:
a) Unterstreiche im Text alle Nomen und schreibe sie mit Artikel heraus.	1. Ich muss alle Nomen, die in dem Text vorkommen, unterstreichen. 2. _____
b) Lege eine Tabelle an und trage die Verben aus dem Text mit den dazugehörenden Infinitiven ein.	1. _____ 2. _____

c) Lies dir den Text sorgfältig durch. Schreibe die unbekannten Wörter heraus und erkläre sie (z. B. mithilfe des Wörterbuches).

1. _____

_____

2. _____

_____

3. _____

_____

d) Lies dir den Sachtext über die Herstellung von Glasflaschen sorgfältig durch und veranschauliche den Herstellungsprozess in einem Schaubild.

1. _____

_____

_____

2. _____

_____

e) Handelt es sich bei diesem Text um ein Märchen? Begründe ausführlich deine Meinung.

1. _____

_____

2. _____

_____

4 Worin unterscheidet sich die Beispielaufgabe e) von den übrigen? Kreuze die richtige Lösung an!

a) Die Aufgaben a) bis d) beziehen sich auf einen Text, Aufgabe e) nicht. ☐

b) Die Aufgabe e) geht über den Text hinaus, weil man seine eigene Meinung ausführlich begründen muss. ☐

c) Bei Aufgabe e) ist – im Gegensatz zu den anderen Aufgaben – die Antwort *Ja* oder *Nein* ausreichend. ☐

5 Erkläre Schritt für Schritt: Wie musst du vorgehen, um folgende Aufgabenstellungen zu lösen?

Aufgabe a:
Die einzelnen Bilder der Bildergeschichte sind durcheinandergeraten. Schneide die Bilder aus und klebe sie in der richtigen Reihenfolge in dein Heft. Schreibe dazu eine passende Geschichte.

1. Ich muss die Bilder ausschneiden.

2. Ich muss die richtige Reihenfolge herausfinden.

3. _____

_____

_____

_____

_____

Aufgabe b:
Wie viel wiegt deine Schultasche mit deinen Schulutensilien, wie viel ohne? Schätze jeweils zuerst das Gewicht und wiege anschließend. Schreibe die Werte in einer Tabelle auf.

_____

_____

_____

_____

_____

_____

Aufgabe c:
Entscheide anhand der folgenden Buchtitel, welche Bücher Informationen für ein Referat zu dem Thema „Einheimische Tiere des Waldes" enthalten könnten. Kreuze sie an und begründe deine Entscheidung!

_____

_____

_____

_____

_____

Aufgabenstellungen unterscheiden – Multiple-Choice-Aufgaben

Ein besonderer Aufgabentyp ist die *Multiple-Choice-Aufgabe*. Sie gibt mehrere Lösungsvorschläge vor und verlangt von dir immer wieder eine Entscheidung: Ist der Lösungsvorschlag richtig oder nicht? Die Aufgabenstellung enthält bei diesen Aufgaben wichtige Informationen, z.B. ob nur eine *oder* mehrere Antworten anzukreuzen sind. Auch die vorgegebenen Lösungsvorschläge musst du sorgfältig durchlesen, da sie sich häufig nur geringfügig (aber trotzdem wesentlich!) unterscheiden.

1 Vergleiche die unterschiedlichen Formulierungen und kreuze die Aufgabenstellungen an, die nur **eine** Lösung zulassen.

> **Tipp** Bei dieser Aufgabe sind mehrere Antworten richtig.

a) Kreuze die richtige Aussage an. ☐

b) Welche Aussagen sind falsch? ☐

c) Welches Ergebnis trifft zu? ☐

d) Welche Sätze stehen im Text? ☐

e) Kreuze die richtigen Aussagen an. ☐

f) Welche Aussage ist falsch? ☐

g) Welche Ergebnisse treffen zu? ☐

h) Welcher Satz steht im Text? ☐

2 Woran kannst du erkennen, ob nur eine oder mehrere Möglichkeiten anzukreuzen sind?

_____

_____

3 Ist eine Antwort richtig oder sind es mehrere? Entscheide!

	eine Antwort	mehrere Antworten
a) Welche Eigenschaften passen zu einem Löwen?	☐	☐
b) Kreuze alle Säugetiere an.	☐	☐
c) Wie heißt die Hauptperson?	☐	☐
d) Welche Aussage steht nicht im Text?	☐	☐
e) Welche Merkmale kennzeichnen ein Gedicht?	☐	☐
f) Welches Tier ist das schnellste?	☐	☐

4 Welche Aufgabenstellungen erfragen Lösungen, die genau so *in* dem Text stehen, den du zuvor bearbeitet hast?

a) Welche Sätze stehen im Text? ☐

b) Wähle eine passende Überschrift aus. ☐

c) Was hat der Einbrecher gestohlen? ☐

d) Welche Märchenmerkmale treffen zu? ☐

5 Welche Aufgabenstellungen erfragen, ob du einen Text *als Ganzes* verstanden hast?

a) Welche Eigenschaft passt nicht zu der Hauptperson? ☐

b) Welche Moral (Lehre) steckt in der Fabel? ☐

c) Wo spielt die Geschichte? ☐

d) Welches Schaubild ergänzt den Text? ☐

Das Lesetempo steigern – mal schnell, mal langsam

Du kannst dein Lesetempo durch regelmäßiges Training zur Beweglichkeit deiner Augenmuskulatur erhöhen.
Schließe zunächst für einen kurzen Moment die Augen und gönne ihnen eine kleine Pause. Öffne die Augen wieder und los geht's.

Fadenspiel, Labyrinth und Hindernislauf – Wer hat den Durchblick?

1 Wer liest was? Verfolge mit den Augen die Linien!

2 Welcher Weg führt zum Ausgang dieser geheimnisvollen Bibliothek?

3 Folge mit den Augen dem eingezeichneten Weg durch diesen Parcours. Achte auf die
Hindernisse und überspringe sie durch Augenbewegung.
- Wiederhole diese Übung dreimal und versuche dabei, dein Tempo zu steigern.
  Notiere unten die Zeit.
- Jetzt gibt es einen Wettkampf in 6er Gruppen. Wer ist am schnellsten?

Zeit:
1. Runde: _____   2. Runde: _____   3. Runde: _____

4 Trainiere deine Augenmuskeln regelmäßig, indem du z.B. im Schulbus in Schlangen-
linien die Sitzreihen „abguckst", alle Gegenstände auf deinem Schreibtisch mit den
Augen „ansteuerst" o. Ä.

5 Schreibe mindestens zwei weitere Tipps auf: Bei welchen Gelegenheiten kannst du
deine Augenmuskeln noch trainieren?

_____

_____

_____

_____

Orientierendes Lesen I – einzelne Wörter

Verdrehte Wörter

1 Lies die Sätze leise vor und entwirre dabei die verdrehten Wörter.

a) Schon *Wenoch* vor dem *Gastesburg* beginnen meist die *Puglannen:*

   Wochen

b) Welche *Fienrenudnen* und *Fundere* sollen eingeladen werden?

c) Wie könnte man die *Elidanugen litsug* gestalten?

d) Welche *Miusk* bringt *Summting?*

e) Welcher *Kecuhn* wird gerne *gegsesen?*

f) Soll man am *Nicattahmg* etwas *utenmehrn* oder eine *Stachlupfgranzay* machen?

g) Wie wäre es vielleicht mit einer *senpanden Nurdwanchanteg* mit *Gipstergeneschteschen?*

2 Welche dieser Wörter hast du gefunden? Kreuze an.

☐ Gastgeber   ☐ gesessen   ☐ Gipsgespenstern☐

☐ Musik   ☐ Stimmung   ☐ Kuchen

☐ unternehmen   ☐ Einladung   ☐ Geburtstag

☐ Schlafanzugparty   ☐ gegessen   ☐ Nachtwanderung☐

3 *Partnerarbeit Lesetraining:* Lest euch abwechselnd die Sätze mit den verdrehten Wörtern so vor, wie sie abgedruckt sind. Achtet dabei auf das genaue Lesen. Der Partner kontrolliert jeweils.

4 Schreibe hier auch alle verdrehten Wörter aus Aufgabe 1 auf, die in Aufgabe 2 nicht entwirrt wurden.

5 Welche Überraschungen verstecken sich hinter den folgenden verdrehten Wörtern?
Schreibe die Lösungen auf die Leerzeilen.

> ### Gechensk-Getuchsin
> Hirzelchen Gulnckwüsch! Der *Ibanher* dieses *Gechensk-Getuchsins* darf sich auf einen aufregenden *Nittachmag* freuen.
>
> Es stehen zur Auswahl: Platz 1
>
> a) Eiblerns-Zoo _____   ☐
>
> b) golleimhinsve Usterwenwaltsert _____   ☐
>
> c) Auteneber-Saplipeltz _____   ☐
>
> d) Kutaunor mit Pinckick _____   ☐
>
> e) Tateher für Kednir (hentir den Kessilun) _____   ☐
>
> _____
>
> f) der nuee Kolfinim mit dienen Lausneigleblischspeirn _____   ☐
>
> _____

6 Für welches Ziel würdest du dich entscheiden? Wähle deinen Platz 1 aus und begründe:

_____

_____

7 Entwirre den Text beim ersten Lesen.

Ein jegnur Mnan hat sinee Franpührfug bansteden. Slotz elflürt er sich sineen Turam und kufat scih enien reton Strogewpan. Gilech am nehcästen Tag fräht er mit kettapum Geibetre in die Awaustotkertt. Der Makneicher fargt estnetzt: „Jegnur Mnan, das ist ein elfmidpincher Strogewpan! Was heabn Sie mit dem Wegan gachmet?"

„Egiltenich ntchis Bosdeneres. Ich heab enie kilene Sitztorpur gachmet und wlolte vor dem Huas mineer Firdenun nur kruz biechslenugen." „Nur biechslenugen? Wie selchatn sie dnen bolß?" „Wesio? Gnag 1 – 2 – 3 – 4 – 5. Und dnan R wie Rylale-Gnag."

8 Welcher Satz passt am besten zu der Geschichte?

a) Augen auf beim Autokauf! ☐
b) Vor der ersten Fahrt unbedingt die Bedienungsanleitung lesen.
c) Ein Sportwagen hat keinen Rückwärtsgang.
d) Einen Sportwagen kann man nur fahren, wenn man mindestens 10 Jahre Fahrpraxis hat. ☐

Begründung:

_____

_____

9 *Silbenrätsel:*
Ergänze die Wörter aus dem Text von S. 12 in der richtigen Schreibweise.
Die umrahmten Buchstaben ergeben ein Lösungswort.

F a h r p r ü f u n [g]

S _ _ _ _ _ _ _ [ ]

A _ _ _ _ _ _ _ _ [ ]

T [ ] _ _ _

S _ _ [ ] _ _ _

M _ _ _ _ _ [ ] _

[ ] e _ _ _ _ _ _ _ _ _ _

s _ _ _ _ _ [ ] _

Lösungswort: _____

Wörter aus dem Zusammenhang erschließen – Lückentexte füllen

1 Welches Wort aus dem Wortspeicher passt? Trage im Wortspeicher den Kennbuchstaben des passenden Satzes ein.

a) Der Dieb entkam in einer schmalen ✳.

b) Der Dieb flüchtete über die große ✳.

c) Alle Zuschauer lachten über die ulkige ✳ des Komikers.

d) Alle Zuschauer bestaunten die edle ✳ des Zirkuspferdes.

e) Mit der Buslinie 15 fährt jeden Abend nur ein ✳ bis zur Endstation.

f) Die Buslinie 15 führt über eine besondere ✳ entlang der Autobahn.

g) Im Freibad bildet sich an heißen Tagen an der ✳ eine lange Schlange.

h) Im Freibad trifft sich an heißen Tagen fast die ganze ✳ .

i) Die Kellnerin servierte als Nachspeise eine köstliche ✳ .

j) Die Kellnerin servierte den Tee in einer kostbaren ✳ .

Kasse _____   Tasse_____

Rasse _____   Gasse *a)*

Trasse _____   Klasse _____

Grimasse _____   Terrasse _____

Masse _____   Insasse _____

2 *Trainiert nun zu zweit:* Ein Partner deckt die Lückenwörter ab. Der andere Partner nennt ein beliebiges Lückenwort, zu dem der erste möglichst schnell den Kennbuchstaben des dazugehörigen Satzes nennen muss. Abwechseln nicht vergessen!

3 Lies dir folgende Sätze schnell durch. Welches Tier wird beschrieben? Notiere es.

a) Eine besondere Attraktion im Zoo sind die ✳, weil sie uns so ähnlich sind und häufig etwas Spaßiges anstellen.

_____Affen_____

b) Ein ✳ hat ein gutes Gedächtnis und vergisst nie jemanden, der ihm einmal Schaden zugefügt hat.

_____

c) Eine ✳ erreicht mit ihrem langen Hals auch Blätter von hohen Bäumen. _____

d) Der ✳ lebt in Rudeln und wirkt mit seiner Mähne sehr majestätisch. _____

e) Ein ✳ kann man an seinem gestreiften Fell leicht erkennen. _____

4 Ergänze in folgendem Text ein passendes Wort aus dem Wortspeicher. Die mit einem Stern gekennzeichneten Wörter müssen mehrmals eingesetzt werden.

Bei Pippi Langstrumpf zu Besuch
Astrid Lindgren

„Wollen wir auf den ___Boden___ raufgehen und die _____ besuchen?", fragte Pippi.

Annika erschrak. „G... g... gibt es _____ auf dem Boden?", fragte sie.

„Und ob es welche gibt! Massenhaft!", sagte Pippi. [...] Man _____ direkt über sie.

Wollen wir raufgehen?"

„Oh", sagte Annika und sah Pippi _____ an.

„_____ hat gesagt, es gibt keine _____ und Geister", sagte Thomas bestimmt.

„Das glaube ich", sagte Pippi. _____ sonst als hier. Denn alle, die es gibt, wohnen auf meinem

Boden. Und es hat keinen Zweck, sie zu bitten wegzuziehen. Aber sie sind nicht _____.

Sie kneifen einen bloß in die Arme, dass man _____ Flecke kriegt. Und dann heulen sie. Und spielen

_____ mit ihren Köpfen."

„Sp ...sp... spielen _____ mit ihren Köpfen?", _____ Annika.

„Ja, genau das tun sie", sagte Pippi. „Kommt, wir gehen nach oben und _____ uns

mit ihnen. Ich kann prima _____."

blaue	~~Boden~~	gefährlich	fällt	flüsterte	Gespenster*
Kegel *	kegeln	Mama	Nirgendwo	unterhalten	vorwurfsvoll

topfit Deutsch – Lesekompetenz 1 © 2007 Oldenbourg Schulbuchverlag

5 Richtig oder falsch? Kreuze an!

	richtig	falsch
a) Pippi möchte Gespenster besuchen.	☐	☐
b) Annika sieht Pippi vorwurfsvoll an.	☐	☐
c) Auf dem Boden gibt es nur ein Gespenst.	☐	☐
d) Annika erzählt, was ihre Mutter zu Gespenstern und Geistern gesagt hat.	☐	☐
e) Die Gespenster spielen Kegel mit ihren Kugeln.	☐	☐
f) Nur bei Pippi auf dem Boden gibt es Gespenster.	☐	☐
g) Die Gespenster sind nicht gefährlich.	☐	☐

Orientierendes Lesen II – zusammenhängende Texte

Texte mithilfe von Haltepunkten überfliegen

Die Methode *Orientierendes Lesen* ist vor allem geeignet, um sich in kurzer Zeit einen Überblick über den Inhalt eines Textes zu verschaffen. Du erfasst nicht jedes einzelne Wort eines Textes, sondern ganze Wortgruppen auf einmal. Dazu *springst* du durch den Text und versuchst, mit möglichst wenigen Haltepunkten möglichst viele Informationen zu erfassen. Das Orientierende Lesen dient also dazu, dir einen *ersten groben Überblick über den Inhalt eines Textes* zu verschaffen.

1 Überfliege den folgenden Text und orientiere dich an den vorgeschlagenen Haltepunkten. Damit kannst du ganze Wortgruppen und nicht nur einzelne Wörter auf einen Blick erfassen.

Die großen Entdecker – 1

•

Könige, Kaufleute und Seefahrer der damals sehr mächtigen Länder Spanien und

•   •   •

Portugal suchten im 15. und 16. Jahrhundert einen Seeweg nach Indien und China.

•   •   •   •

Denn dort gab es wertvolle Gewürze, Seide, Gold und Edelsteine.

•   •   •

2 Entscheide nach deinem ersten Eindruck, für welche Referatsthemen es sich lohnen könnte, den Text weiterzulesen. Kreuze an.

☐ Die Geschichte der Seefahrt   ☐ Berühmte Seefahrer

☐ Die Weltmeere   ☐ Die geheimnisvolle Welt der Meere

3 Wende die Methode *Orientierendes Lesen* auch bei der Fortsetzung des Textes an. Versuche, möglichst schnell und mit maximal 4 Haltepunkten pro Zeile den Inhalt des Textes zu erfassen.

Die großen Entdecker – 2

Die wohl bekannteste Entdeckungsreise im Auftrag der spanischen Krone machte
   •   •   •   •
der Italiener Christoph Kolumbus. Als er 1492 in Amerika an Land ging, war er
   •
der festen Meinung, er habe den westlichen Seeweg nach Indien entdeckt. Daher

stammt auch der Name „Indianer" für die Ureinwohner Nordamerikas. Der erste

Entdecker, der Indien mit dem Schiff erreichte, war der Portugiese Vasco da

Gama. Er umsegelte 1497 das Kap der Guten Hoffnung an der Spitze Südafrikas.

4 Welche Informationen hast du dem Text entnommen? Decke den Text ab und entscheide dich – richtig oder falsch?

	richtig	falsch
a) Christoph Kolumbus war ein Portugiese.	☐	☐
b) Kolumbus suchte einen Seeweg nach Amerika.	☐	☐
c) Die Ureinwohner Nordindiens heißen Indianer.	☐	☐
d) Vasco da Gama erreichte als erster Indien mit dem Schiff.	☐	☐

Vergleiche deine Antworten mit der Lösung (→Lösungsteil). Für jede richtige Antwort bekommst du einen Punkt.

erreichte Punktzahl: _____

5 Überfliege mit möglichst wenigen Haltepunkten den restlichen Text. Setze die Haltepunkte zuerst mit Bleistift, nach der Überprüfung im Lösungsteil mit Farbstift.

Die großen Entdecker – 3

Den westlichen Seeweg in den Pazifik befuhr schließlich der Portugiese Ferdinand Magellan. 1519 startete er mit fünf Schiffen und 241 Männern. Weder Stürme, Krankheiten, Hunger noch Meuterei konnten ihn aufhalten. Auf den Philippinen starb Magellan bei einem Kampf mit Einheimischen. 1522 kehrte unter Führung seines Steuermanns ein Schiff mit 19 Mann zurück. Die erste Weltumseglung war vollbracht und galt als endgültiger Beweis dafür, dass die Erde eine Kugel ist. Weitere wichtige Entdeckungsreisen unternahm der Engländer James Cook. Er leitete von 1768 bis 1799 drei Expeditionen in den Pazifik, besuchte Australien, Neuseeland und Hawaii.

topfit Deutsch – Lesekompetenz 1 © 2007 Oldenbourg Schulbuchverlag

6 Teste dich! Welche Informationen hast du diesem Text entnommen?
Kreuze an – richtig oder falsch?

	richtig	falsch
a) Ferdinand Magellan startete mit fünf Schiffen.	☐	☐
b) Magellan kam aus Italien.	☐	☐
c) Ferdinand Magellan starb nach langer Krankheit.	☐	☐
d) Von 241 Besatzungsmitgliedern kehrten 19 zurück.	☐	☐
e) James Cook leitete drei Expeditionen.	☐	☐

Vergleiche deine Antworten mit der Lösung (→Lösungsteil).
Für jede richtige Antwort bekommst du einen Punkt.

erreichte Punktzahl: _____

7 Überfliege abschließend noch einmal alle drei Textteile und kreuze an – richtig oder
falsch?

	richtig	falsch
a) Der Text eignet sich für ein Referat über bedeutende Seefahrer.	☐	☐
b) Der Text eignet sich nicht für ein Referat über Segelschiffe.	☐	☐
c) Der Text informiert hauptsächlich über die Entdeckung Amerikas.	☐	☐
d) Der Text gibt einen Überblick über wichtige Entdeckungsreisen.	☐	☐

8 Begründe in ein bis zwei Sätzen deine Entscheidung:

_____

_____

_____

9 Vergleiche deine Antworten mit der Lösung (→Lösungsteil).
Für jede richtige Antwort bekommst du einen Punkt.

erreichte Punktzahl: _____

10 Addiere deine Punkte und werte dein Ergebnis aus.

Gesamtpunktzahl: _____

Auswertung Trainingseinheit Orientierendes Lesen I und II

13 – 11 Punkte: Überflieger!
Du hast es geschafft, mit der Methode *Orientierendes Lesen* wichtige Informationen sehr schnell aus einem Text herauszulesen!

10 – 7 Punkte: Gut gemacht!
Du kannst wichtige Informationen durch *Orientierendes Lesen* aus einem Text herauslesen, bist aber noch nicht sicher genug. Mit ein wenig Training wirst du noch besser.

6 – 3 Punkte: Schon nicht schlecht!
Du hast nur einige wichtige Informationen dem Text entnommen. Du musst das *Orientierende Lesen* aber unbedingt noch trainieren, sonst besteht die Gefahr, dass du wichtige Informationen überliest!

2 – 0 Punkte Noch nicht gut genug!
Du bist beim Überfliegen eines Textes noch nicht sicher genug. Trainiere das *Orientierende Lesen* unbedingt regelmäßig, damit du schnell einen Überblick über einen Text bekommst und dabei schon wichtige Informationen erfasst.

Tipp Welche Abschnitte bereiteten dir noch Schwierigkeiten? Wiederhole diese Abschnitte noch einmal und versuche, dein Ergebnis zu verbessern.

11 Bewerte die Methode *Orientierendes Lesen* und kreuze an.

Die Methode *Orientierendes Lesen* ist *gut* geeignet,	trifft zu	trifft nicht zu
a) um sich einen Überblick über den Inhalt eines Text zu verschaffen.	☐	☐
b) um eine Aufgabenstellung mithilfe eines Textes zu bearbeiten.	☐	☐
c) um eine Textstelle wiederzufinden.	☐	☐
d) um schnell entscheiden zu können, ob sich der Text zur Bearbeitung einer Aufgabenstellung eignet.	☐	☐
e) um sich auf eine Klassenarbeit vorzubereiten.	☐	☐

topfit Deutsch – Lesekompetenz 1 © 2007 Oldenbourg Schulbuchverlag

Orientierendes Lesen III – das Druckbild beachten

Abschnitte und Hervorhebungen 1: Papier-Pioniere

Das Druckbild eines Textes, z.B. die Einteilung in Abschnitte, die Hervorhebung von Begriffen oder auch eingefügte Illustrationen, gibt dir bereits auf den ersten Blick wichtige Hinweise zum Inhalt.

1 Betrachte zunächst den Text, ohne ihn zu lesen. Aus wie vielen Abschnitten besteht der Text?

Der Text besteht aus: einem Abschnitt. ☐ zwei Abschnitten. ☐ drei Abschnitten. ☐

Papier-Pioniere
Julius Cäsar gab die **erste Zeitung** heraus. Sie berichtete über Gerichtsverhandlungen, Geburten, Todesfälle, Hochzeiten und Veranstaltungen im Circus Maximus und dem Kolosseum. Sie erschien täglich und wurde an Mauern geklebt, sodass jeder sie lesen konnte. [...]
Die **erste Weihnachtskarte** wurde in England speziell für Sir Henry Cole entworfen und hergestellt. Er verschickte sie 1843 an all seine Freunde. Die Idee setzte sich durch und 1880 gab es so viele Weihnachtskarten, dass die Post Großbritanniens den Slogan „Post early for Christmas!" („Schreib zeitig zu Weihnachten!") erfand.
Der **erste Comic** war eine farbige Sonntagsbeilage der amerikanischen Zeitung „New York Journal" vom 24. Oktober 1897. Die Hauptfigur war „The Yellow Kid", ein kahlköpfiger, schlappohriger kleiner Junge.

2 Achte zuerst nur auf die **fettgedruckten** Wörter und überfliege dann den Text.

3 Kreuze nun die zutreffenden Aussagen an.

a) Die fettgedruckten Wörter sind hilfreich und verschaffen einen ersten Überblick. ☐

b) Die fettgedruckten Wörter weisen bereits auf den Inhalt des Abschnittes hin. ☐

c) Jeder Abschnitt hat einen anderen inhaltlichen Schwerpunkt. ☐

d) Die Abschnitte unterscheiden sich nicht in ihren Schwerpunkten. ☐

e) Die Hervorhebung dieser Wörter ist überflüssig, da ja immer „erste" vorkommt. ☐

Abschnitte und Hervorhebungen 2: Papierwespen

1 Aus wie vielen Abschnitten besteht der folgende Text?

Papierherstellung in der Natur
Papier oder Wespennest? Betrachtet man Stücke unter einem Mikroskop, kann man kaum einen Unterschied feststellen. Solche Papiernester kann allerdings nur eine einzige Wespenfamilie herstellen: die Familie der Papierwespen. Papierwespen kann man leicht erkennen, denn sie sind dünn und schwarz oder braun mit gelben oder orangefarbenen Streifen auf dem Hinterleib. Sie haben einen Stachel, um sich zu verteidigen, und scharfe Mundwerkzeuge (Kiefer), um morsches Holz von Bäumen oder Häusern zu kratzen. Zu der Familie der Papierwespen gehören z. B. die Hornissen.

Überschriften

Papier und Wespennest – kein Unterschied

Die Wespenkönigin ist nach dem Winter die einzige Überlebende im
10 Wespennest. Die Königin beginnt mit dem Nestbau, indem sie Rinde,
Fasern von altem Holz oder Papierabfälle zerkaut und mit ihrem Spei-
chel vermischt, bis die Masse breiig ist. Sie trinkt zusätzlich Wasser. An
ihrem Nistplatz spuckt sie die Papierfasern aus und klebt sie zusammen.
Das Wespennest kann am Ende des Sommers bis zu 12 000 kleine Papier-
15 kammern enthalten. Diese Papierkammern nennt man Zellen. Jede dieser
Zellen ist sechseckig und mit einem Papierschirm bedeckt.

Der Text besteht aus _____ Abschnitten.

2 In dem oben stehenden Text fehlen fettgedruckte Hervorhebungen. Wähle deshalb
für jeden Abschnitt eine geeignete Überschrift aus, die dem Leser einen Überblick
über den Inhalt gibt. Trage sie in die Randspalte ein.

| *Aussehen der Papierwespe* | *Aufbau eines Wespennests* |

| *Papierherstellung durch Königin* | *Papier und Wespennest – kein Unterschied* |

3 *Partnerarbeit:* Vergleicht die Überschriften und begründet eure Wahl. Bei Unstimmigkeiten hilft ein Blick in den Text (vgl. auch im Lösungsteil)!

4 Illustrationen geben ebenfalls wichtige Hinweise auf den Inhalt. Nummeriere die
Abschnitte und ordne jedem Abschnitt eine geeignete Illustration zu.

a)  Abschnitt: __3__ (Z. _9_ - _13_)

b) 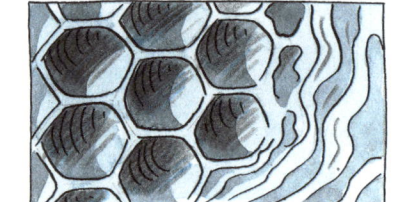 Abschnitt: _____ (Z. ____ - ____)

c)  Abschnitt: _____ (Z. ____ - ____)

d)  Abschnitt: _____ (Z. ____ - ____)

5 Welchen Abschnitt könnten die folgenden Sätze sinnvoll ergänzen? Ordne die
Sätze einem Abschnitt zu:

Abschnitt

a) Nur wenige Königinnen gründen in einem alten Nest eine neue Familie. ⊠⊠⊠⊠ ⊠⊠⊠⊠

b) Die Königin legt in jede Zelle ein Ei. _____

c) Hornissen werden bis zu 35 mm groß. _____

d) Die Königin baut das Nest an einem geeigneten Balken oder in einem hohlen Baumstamm. _____

e) Beides sieht gleich aus und fühlt sich ähnlich an. _____

Abschnitte und Hervorhebungen 3: Piraten

1 Wie viele Abschnitte kannst du bei dem folgenden längeren Text erkennen?

Piraten – die Schrecken der Meere
Piraten, Bukanier, Korsaren, Kaperer oder Freibeuter – dies alles sind nur
<u>verschiedene Namen</u> für Seeräuber.
Die <u>Geschichte der Piraten</u> umfasst mehr als 2000 Jahre. Schon 1400 v. Chr.
überfielen sie im Mittelmeer wehrlose Handelsschiffe. Vor etwa 1000 Jahren machten die Wikinger Meere und Küsten in Nordeuropa unsicher. Die
berühmtesten Piraten lebten im 17. und 18. Jahrhundert in der Karibik [...].
Von dort gingen sie auf lange Reisen, um entlang der wichtigen Handelsrouten Schiffe auszubeuten. Sie raubten nicht nur Schätze, sondern auch
Fracht, die sie verkaufen konnten. Die erbeuteten Schiffe wurden versenkt
oder umgebaut. Denn Piratenschiffe mussten klein, schnell und wendig sein.
Das Leben an Bord eines Piratenschiffs war hart. Es gab nur wenig frische
Nahrungsmittel, keinerlei Medikamente und keinen Arzt. Kranke oder ver-
letzte Seeräuber starben meist. Es herrschten strenge Regeln. Wer gegen
sie verstieß, wurde auf einer einsamen Insel ausgesetzt, gefoltert oder über
Bord geworfen.
Doch Piraten konnten sehr reich werden. Die Beute wurde meist gerecht
unter der Mannschaft aufgeteilt. Nur der Kapitän und wichtige Besatzungs-
mitglieder bekamen einen größeren Anteil. Allerdings gaben viele Piraten
ihr Geld schnell wieder für Rum, Wetten und Würfelspiele aus.
Gegen Piraterie gab es strenge Gesetze: Seeräuber wurden gefoltert, ver-
sklavt oder hingerichtet. Es gab jedoch auch eine Art „legale Piraten". Sie
kaperten im Auftrag von Königen oder Regierungen Handelsschiffe fremder
Länder. Ihre Beute mussten die Freibeuter mit ihrem Auftraggeber teilen.
Über Piratenschätze gibt es viele Legenden. Sie sollen an Küsten vergra-
ben oder in Fässern im Meer versenkt worden sein und große Mengen
Schmuck, Goldbarren, Münzen und Waffen enthalten. Doch meist nahmen
die Piraten ihr Geheimnis über das Versteck mit ins Grab. Andere hinter-
ließen Schatzkarten, die bis heute nicht entschlüsselt werden konnten, wie

Überschriften

30 der 1730 gehängte Pirat Olivier le Vasseur, „der Bussard". Auch die Schätze des Piraten Klaus Störtebeker, der im 14. Jahrhundert die Nord- und Ostsee unsicher machte, wurden nie gefunden.

Zahlreiche Geschichten ranken sich auch um die Schätze gesunkener Schiffe. Allein im Mittelmeer sollen 100 000 Schiffe aus allen Epochen

35 liegen. Doch die Suche nach ihnen ist teuer und aufwändig. Von modernen Forschungsschiffen aus wird der Meeresboden mit Radar und Ultraschall abgetastet, denn meist weiß man nicht genau, wo ein Schiff gesunken ist. Erst wenn das Wrack geortet ist, können Taucher oder Tauchboote die Fundstelle absuchen.

Der Text hat _____ Abschnitte.

2 Lies den Text sorgfältig abschnittsweise. Unterstreiche mit Bleistift in jedem Abschnitt genau die Wörter oder Wortgruppen, die den jeweiligen Inhalt hervorheben und fettgedruckt sein könnten.

3 *Arbeitet zu zweit:* Tauscht die bearbeiteten Texte aus und beurteilt gegenseitig eure Unterstreichungen:

	Ja	Nein
a) Die Unterstreichungen geben einen guten Überblick über den Inhalt.	☐	☐
b) Die Unterstreichungen treffen nur teilweise den inhaltlichen Schwerpunkt des Abschnittes.	☐	☐

Tipp Überarbeite Abschnitt 1☐ 2☐ 3☐ 4☐ 5☐ 6☐ 7☐ 8☐

c) Es sind insgesamt zu viele Unterstreichungen, sie verwirren nur. ☐ ☐

Tipp Lies den Text noch einmal sorgfältig und überarbeite deine Unterstreichungen: Welche Unterstreichungen sind sinnvoller? Auf welche kann man verzichten?

4 Die Unterstreichungen kannst du nicht nur nutzen, um wichtige Textstellen hervorzuheben. Sie sind auch bei dem Finden von passenden Überschriften sehr hilfreich. Probiere es aus und formuliere zu den einzelnen Abschnitten des Textes „Piraten – Schrecken der Meere" Überschriften. Trage sie in die Randspalte ein (→vgl. Lösungsteil).

topfit Deutsch – Lesekompetenz 1 © 2007 Oldenbourg Schulbuchverlag

5 *Training:* Überfliege den Text „Piraten – Schrecken der Meere" und suche die entsprechenden Sätze. Vervollständige sie (jeder Strich ein Buchstabe) und gib die Zeilen an.

a) D o c h   m e i s t   n a h m e n   d i e   P _ _ _ _ _ _ _   _ _ _ _   Geheimnis   _ _ _ _ _

_ _ _   V _ _ _ _ _ _ _ _   _ _ _ _   _ _ _   G _ _ _ _ . (Zeile: 27–28   )

b) D _ _ _   _ _ _   Suche   _ _ _ _ _   _ _ _ _ _ _   _ _ _   t _ _ _ _ _   _ _ _

_ _ _ w _ _ _ _ _ . (Zeile: _ _ _ _ _ _ _ _ _)

c) D _ _   Beute   _ _ _ _ _ _   _ _ _ _ _ _   _ _ r _ _ _ _ _   _ _ _ _ _   _ _ _

M _ _ _ _ _ _ _ _   a _ _ _ _ _ _ _ _ _ . (Zeile: _ _ _ _ _ _ _ _)

d) E _   _ _ _ _ _ _ _ _ _ _ _   n _ _ _ _ _ _ _   Regeln. (Zeile: _ _ _ _ _ _ _)

e) S _ _   _ _ _ _ _ _ _ _   _ _   A _ _ _ _ _ _   _ _ _   K _ _ _ _ _ _

_ _ _ _   _ _ _ _ _ _ _ _ _ _ _ _   Handelsschiffe _ _ _ _ _ _ _ _   _ ä _ _ _ _ _ .

(Zeile: _ _ _ _ _ _ _ _)

Orientierendes Lesen IV – gezielt Informationen entnehmen

Auf den Inhalt schließen – erste Informationen dem Buchumschlag entnehmen

Der Titel eines Buches und die Angaben auf der Buchrückseite (= Klappentext) geben dir erste Hinweise auf den Inhalt. Manchmal hat ein Buch aber auch einen Untertitel, der zusätzliche Informationen enthält. Mit diesen Hilfen kannst du häufig sehr schnell entscheiden, ob ein Buch für deinen Zweck geeignet ist.

1 Nach Eingabe des Stichwortes „Bäume" erscheint im Computer der Bibliothek unter anderem folgender Buchvorschlag mit Titel und einem Untertitel:

Bourgeois, Paulette. Papier wächst nicht auf Bäumen.
Geschichte und Geschichten, Rätsel, Tricks und Experimente rund ums Papier. [...]

Wie lautet der Titel des Buches? _____

2 Welche Informationen erhältst du durch den Untertitel? Kreuze an!

a) Das Buch informiert über die Geschichte des Papiers. ☐

b) Das Buch soll nicht nur informieren, sondern auch unterhalten. ☐

c) Das Buch beinhaltet keine Geschichten rund um das Thema „Papier". ☐

d) Das Buch stellt Versuche vor, die man mit Papier durchführen kann. ☐

3 Hältst du das Buch nach Auswertung der Informationen zur Vorbereitung eines Kurz-
referates zum Thema „Bäume des Waldes" geeignet? Begründe!

_____

_____

4 Entscheide anhand der folgenden Titel, welche Bücher Informationen für ein Referat
zu dem Thema „Große Seefahrer" enthalten könnten. Kreuze sie an und begründe in
jedem Fall deine Entscheidung!

a) Piet Seemann: Vom großen Traum, zur See zu fahren. Roman für begeisterte Seefahrer ab 10 Jahre ☐

Begründung:

_____

_____

_____

b) Wind – ein Jammer? Erinnerungen an Segelschiffe und Windjammer – geknüpft
aus Seemannsgarn von echten Seefahrern ☐

Begründung:

_____

_____

_____

c) „Land in Sicht!" Auf den Spuren großer Seefahrer und Entdecker, mit umfang-
reichem Karten- und Bildmaterial ☐

Begründung:

_____

_____

_____

d) Moderne Seefahrer – Berufe zur See. Aktuelle Informationen von A–Z zu allen
Berufen rund um die Seefahrt ☐

Begründung:

_____

_____

_____

5 Lies dir die Klappentexte durch, die auf der Rückseite dreier Bucheinbände abgedruckt sind.

Buch 1: Annika Thor. Eine Insel im Meer

„Von Palmen, Sandstränden und Eisverkäufern erzählt Steffi ihrer kleinen Schwester Nelli auf ihrer Reise in das ferne Schweden. „Nur für ein paar Monate", haben die Eltern den beiden beim Abschied in Wien versprochen, dann werden sie wieder irgendwo zusammen leben. Doch was erst wie eine Ferienreise aussieht, wird für die beiden Schwestern ein schwieriger Weg ..."

Buch 2: Heinz Streble. Was find ich am Strande?

„Pflanzen und Tiere der Strände, Deiche, Küstengewässer von Nord- und Ostsee – Vögel an der Küste. [...] Über 200 Farbfotos stellen die Tiere und Pflanzen des Meeres vor. „Was find ich am Strande?" ist der unentbehrliche Begleiter für einen entdeckungsreichen Urlaub am Meer.

Buch 3: Andreas Röckener. Piraten-Party

„Hier kommt Power für Piraten!
Ob du eine Piraten-Party feiern möchtest mit Einladungen, Punsch, Pizza und Piraterie-Spielen oder ob du dich lieber dem Rätsel-(Pi)-Raten hingibst, ob du der Abenteuergeschichte von den Pfeffer-Piraten zuhören möchtest oder ob du Spaß hast mit Prateninfos und Piratengeplapper – in diesem Buch gibt es jede Menge Piratenschätze zu heben."

6 Welches Buch würdest du auswählen:

a) für die Vorbereitung einer Kostümfeier?   Buch _____

Begründung:

_____

_____

b) als Geschenk für eine Mitschülerin, die gerne spannende Bücher liest?   Buch _____

Begründung:

_____

_____

c) für eine Klassenfahrt an die See?   Buch _____

Begründung:

_____

_____

Hast du den Überblick? – Fragen zum Orientierenden Lesen

1 Kreuze die richtige Antwort an:

	trifft zu	trifft nicht zu
a) Die Augenmuskeln können trainiert werden.	☐	☐
b) Das Lesetempo kann man nicht steigern.	☐	☐
c) Beim Orientierenden Lesen kann man auch gezielt nach einzelnen Wörtern suchen.	☐	☐
d) Beim Orientierenden Lesen erfasst man ganze Wortgruppen.	☐	☐
e) Beim Orientierenden Lesen liest man jedes einzelne Wort.	☐	☐
f) Das Orientierende Lesen kann man z.B. anwenden, wenn man die Ergebnisse einer Internet-Suchanfrage durchsieht.	☐	☐
g) Der Text auf der Rückseite des Buchumschlags ist unwichtig.	☐	☐
h) Abschnitte, Hervorhebungen oder Illustrationen geben wichtige Hinweise auf den Inhalt eines Textes.	☐	☐

Punktzahl: _____ (8)

2 Überfliege die Sätze. Welche sind gleich?

a) Brauklaus bei Blauklaus

b) Brauklaus bleibt Brauklaus

c) Blauklaus reibt Blaukraut

d) Blaukraus bleicht Blaukraut

e) Blaulaus beisst Blaulaus

f) Blaukraut bleibt Blaukraut

g) Blaulaus beisst Brauklaus

h) Brauklaus reibt Blaukraut

i) Blaukraut bleibt Blaukraut

j) Blauklaus bei Brauklaus

k) Blaukraut bleicht Blaukraut

l) Blaulaus bleibt Blaulaus

Lösung: _____

Punktzahl: _____ (1)

3 Nakils hat zum Gastesburg enien nedilchein jugnen Dekcal bokmemen. Slotz früht er ihn sapureizen und tirfft senein Fenrud Dinomik. „Ist der kelin! Zehist du ihn gorß?" „Bilndsön", weichspridt Nakils, „ich lasse ihn weschan!"

Welche Aussagen treffen zu?

a) Niklas und Dominik sind Freunde.   ☐

b) Dominik hat einen Hund.   ☐

c) Niklas lässt seinen Hund waschen.   ☐

d) Niklas hat einen Dackel.   ☐

e) Der Dackel heißt Kelin.   ☐

Punktzahl: _____ (2)

4 Wie heißt das gesuchte Tier?

Der ✳ lebt von Papier und Pappe. Er durchbohrt zunächst die Pappe, kriecht dann in das Papier hinein und baut sich darin eine eigene Welt. Farben und Bilder stören ihn dabei nicht, im Gegenteil, sie erhöhen nur seinen Genuss. War der ✳ in den letzten Jahren in vielen Schulen oder Bibliotheken anzutreffen, ist er mittlerweile fast vom Aussterben bedroht. Neue Technologien, wie z.B. Fernsehen und Computer, verringern immer mehr sein Nahrungsangebot und grenzen seinen Lebensraum ein. Deshalb sollte jeder dem ✳ einen Lebensraum schaffen. Wenn du einmal einen ✳ triffst, lass dir unbedingt spannende Geschichten erzählen!

Papierfalter ☐   Papiertiger ☐   Bücherwurm ☐   Punktzahl: _____ (1)

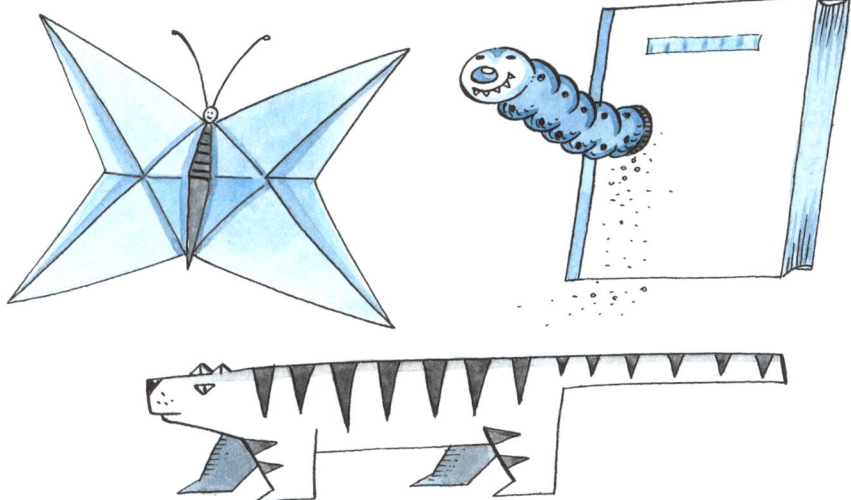

Auswertung

12 – 9 Punkte: Du hast den Überblick!
Herzlichen Glückwunsch!

8 – 4 Punkte: Gut gelesen!
Aber du hast noch nicht in jedem Übungsschwerpunkt den Überblick.
Werte die Gesamtübung aus: Bei welchen Fragen fehlen dir Punkte? Wiederhole noch einmal die dazugehörenden Übungseinheiten im Kapitel *Lesetraining*.

3 – 0 Punkte: Kopf hoch!
Du kannst es besser!
Du bist noch zu unsicher. Es ist deshalb ratsam, die gesamte Einheit *Lesetraining* noch einmal durchzuarbeiten.

Texten Informationen entnehmen

Fragen an einen Text stellen

Die Methode *Fragen an einen Text stellen* dient dazu,
a) zu überprüfen, ob du den Text verstanden hast und
b) wichtige Informationen eines Textes zu erfassen.
Du kannst dir z.B. selbst alle möglichen Fragen überlegen, die du mit dem Text beantworten kannst (z.B. *Wie heißt die Hauptperson?*).

Auch Textpassagen, die du nicht sofort verstehst, lassen sich mit dieser Methode
knacken. Dazu ist es ratsam, das, was du nicht verstanden hast, als Frage zu festzuhalten, am Textrand oder auf einem Extrazettel.
Beispiel: *Wie viel Zeit ist zwischen den Ereignissen vergangen?*
Diese Frage gerät dadurch nicht in Vergessenheit und kann durch nochmaliges Lesen
oder aber auch im Gespräch mit anderen dann geklärt werden.

Wichtige Informationen eines jeden Textes kannst du mit der Beantwortung von
W-Fragen zusammentragen und gleichzeitig überprüfen, ob du keine Information
überlesen hast.

1 Welche wichtigen W-Fragen kannst du grundsätzlich an eine Geschichte stellen?
Notiere die Fragewörter, die mit „W" beginnen.

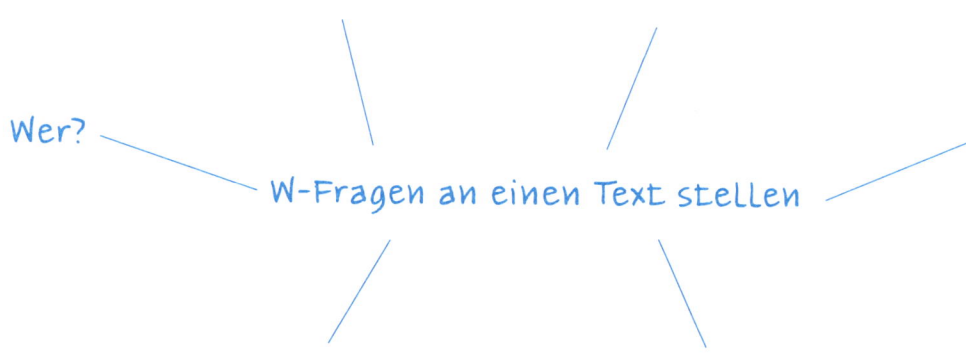

Wer?

W-Fragen an einen Text stellen

2 *Besprecht zu zweit:* Welche der Fragen werden häufig schon in der Einleitung eines
Textes beantwortet? Unterstreiche die entsprechenden Fragewörter.

3 Formuliere zwei beispielhafte Fragen, die man an einen Text wie z.B. ein Märchen
stellen könnte, um den Inhalt zu erfassen.

topfit Deutsch – Lesekompetenz 1 © 2007 Oldenbourg Schulbuchverlag

Orientierendes Lesen

Auf den Anfang eines Textes kommt es häufig an

1. Schritt: Informationen sammeln, Antworten heraussuchen

1 Ein Buch über die Schildbürger stellt als erste Kapitelüberschrift selbst eine Frage:
Waren die Schildbürger wirklich so dumm, wie sie taten?
Was erfährst du über die Schildbürger bereits durch die Kapitelüberschrift? Kreuze an!

a) Die Schildbürger waren dumm. ☐

b) Die Schildbürger wirkten dumm. ☐

c) Die Schildbürger stellten sich nur dumm. ☐

d) Es ist nicht klar, wie dumm die Schildbürger wirklich waren. ☐

2 Lies nun den Anfang des 1. Kapitels aus dem Buch „Die Schildbürger".

> **Waren die Schildbürger wirklich so dumm, wie sie taten?**
> *Erich Kästner*
> <u>Im Mittelalter</u>, damals, als man das Schießpulver noch nicht erfunden hatte,
> lag mitten in Deutschland eine Stadt, die <u>Schilda</u> hieß, und ihre Einwohner
> nannte man deshalb <u>die Schildbürger</u>. Das waren <u>merkwürdige Leute</u>. <u>Alles,
> was sie anpackten, machten sie verkehrt. Und alles, was man ihnen sagte,
> 5 nahmen sie wörtlich</u>. Wenn zum Beispiel ein Fremder ärgerlich ausrief:
> „Ihr habt ja ein Brett vorm Kopf!", griffen sie sich auch schon an die Stirn
> und wollten das Brett wegnehmen. [...] So viel Dummheit brachte manchen
> durchreisenden Kaufmann der Verzweiflung nahe. Andere wieder lachten
> sich darüber halbtot. Und mit der Zeit lachte [...] das ganze Land. Kam je-
> 10 mand von einer längeren Reise zurück, so fragte man ihn auch schon [...]:
> „Was gibt's Neues in Schilda? Erzähle!"

3 Diese kurze Einleitung enthält wichtige Informationen. Beantworte die W-Fragen
mithilfe der Unterstreichungen im Text und stelle so die Informationen zusammen.

a) **Wer** ist beteiligt? _____

b) **Wo** lebten die Schildbürger? _____

c) **Wann** lebten die Schildbürger? _____

4 Notiere eine weitere W-Frage (beziehe dich dabei auf die Ergebnisse aus Aufgabe 1,
S. 28) und unterstreiche die Antwort im Text.

_____

5 **Was** erfährst du also **über** die Schildbürger? Schreibe die Informationen hier auf, die
Unterstreichungen im Text und die Ergebnisse aus den Aufgaben 3 und 4 helfen dir.

_____

_____

6 Aus der Kapitelüberschrift ergibt sich aber eine Frage, die noch nicht beantwortet wurde. Formuliere sie.

7 Die Schildbürger zeigen ein besonderes Verhalten. Beschreibe: Wie hätte ein Schildbürger wohl auf folgenden Satz reagiert?
„Wenn du mitkommen möchtest, musst du aber noch einen Zahn zulegen!"

8 Erkläre: Was ist wirklich mit dieser Redewendung gemeint?

2. Schritt: Informationen sammeln, Fragen stellen

1 Lies den Anfang des Märchens „Die drei chinesischen Bürgermeister". Du kannst erst orientierend lesen, dann gründlicher.

Die drei chinesischen Bürgermeister

James Krüss

<u>In alter Zeit</u>, als es in China noch einen Kaiser gab, lagen <u>an dem großen Fluss Yang</u> <u>drei kleine Städte</u>, die <u>Mang, Ming und Mung</u> hießen. Die Bürgermeister dieser Städte hießen <u>Pang, Ping und Pung</u>. Manchmal trafen sich die drei Bürgermeister <u>im Wirtshaus in der Stadt Ming</u>, die genau in der

5 Mitte zwischen den beiden Städten Mang und Mung lag. Dann tranken sie <u>chinesischen Wein</u> und spielten <u>chinesische Spiele mit Hölzern oder Dominosteinen.</u>

Einmal saßen sie wieder beisammen und unterhielten sich über ihre Lieblingsspeisen.

10 »Ich esse für mein Leben gern Schokolade«, sagte der Bürgermeister Pang. »Wenn der Zauberer Li hier wäre, würde ich ihn bitten, dass er meine ganze Stadt Mang in eine Schokoladenstadt verzaubere.«

»Ich«, sagte der Bürgermeister Ping, »würde den Herrn Li bitten, dass alles Flüssige in meiner Stadt Ming zu Wein würde. Ich trinke nämlich für mein

15 Leben gern Reiswein.« Und Herr Ping schnalzte leise mit der Zunge.

»Ich würde mir etwas ganz anderes wünschen«, sagte Herr Pung, der dritte Bürgermeister. »Ich würde mir wünschen, dass jeder in meiner Stadt Mung so viele Bücher bekäme, wie er Haare auf dem Kopf hat. Ich lese nämlich für mein Leben gern Bücher.« Und Herr Pung rückte ein wenig an seiner

20 goldenen Brille. [...]

Orientierendes Lesen

2 Auf welche W-Fragen geben die unterstrichenen Textstellen eine Antwort? Schreibe die Fragen mit den entsprechenden Antworten auf.

Frage:	Antwort:
Wann spielt das Märchen?	In alter Zeit.

3 Wo liegen die Orte Ming, Mang und Mung? Fertige dazu eine Skizze an.

4 Wer hat welche Vorlieben? Kreuze die richtige Antwort an!

a) „Ich lese nämlich für mein Leben gern Bücher." Pang ☐ Ping ☐ Pung ☐

b) „Ich esse für mein Leben gern Schokolade." Pang ☐ Ping ☐ Pung ☐

c) „Ich trinke nämlich für mein Leben gern Reiswein." Pang ☐ Ping ☐ Pung ☐

5 Stelle die passenden Fragen und ergänze die Antworten. Suche dazu die entsprechenden Textstellen heraus und unterstreiche sie in verschiedenen Farben.

a) *Frage:* _____

Antwort: Der Zauberer heißt _____ .

b) *Frage:* _____

Antwort: Die Stadt Ming liegt _____ .

c) *Frage:* _____

Antwort: Die drei Bürgermeister unterhielten sich _____

d) *Frage:* _____

Antwort: Jeder Bewohner der Stadt Mung soll so viele Bücher bekommen, _____ .

---

3. Schritt: Informationen auswerten, Fragen stellen, Antworten suchen

1 Balduin Pfiff, ein pfiffiger Privatdetektiv, hat mit folgendem Fall zu tun gehabt. Lies ihn dir durch. Du kannst erst orientierend lesen, dann gründlicher.

Balduin Pfiff: Die Spur der Schnecke

Wolfgang Ecke

Unter der Gilde der Einbrecher in der großen Stadt gab es einen, der hatte einen besonderen Spitznamen: Man nannte ihn „Die Schnecke".

Nicht etwa, weil er langsam dachte oder ging, sondern einzig und allein deshalb, weil er in den Räumlichkeiten seiner Opfer in aller Ruhe zu essen

5 pflegte. Entweder das, was er dort vorfand, oder aber sein eigenes Nachtmahl, das er stets bei sich führte. Ich war der Schnecke schon oft in diesem oder jenem Speiserestaurant begegnet, denn wir huldigten der gleichen Leidenschaft: gutem Essen. Diesmal begegnete ich der Schnecke in der „Pfanne", wo er gerade dabei war, einen Balkanspieß zu verzehren. Ich wunderte

10 mich wie ein Huhn, das plötzlich rechteckige Eier zur Welt brachte, denn die ganze Stadt sprach nur vom Einbruch in die Schöffler-Villa in der letzten Nacht. Der Dieb und Einbrecher hatte nicht nur mehrere kostbare Gemälde aus dem Rahmen geschnitten, er hatte es sich auch in der Küche gemütlich gemacht. Von den Resten auf dem Tisch schloss die Polizei, dass der Dieb

15 dort auch mindestens zwei Stunden gegessen haben musste.

Das war, niemand zweifelte daran, die Spur der Schnecke.

Vor einer Viertelstunde hatte ich von Inspektor Schulz noch eine Neuigkeit erfahren.

Wie Dr. Schöffler erst jetzt feststellen konnte, war dem Dieb auch eine klei-

20 ne, aber äußerst wertvolle Figur aus Gold und Edelsteinen in die Hände gefallen. [...]

topfit Deutsch – Lesekompetenz 1 © 2007 Oldenbourg Schulbuchverlag

Orientierendes Lesen

2 Kreuze jeweils die richtige Antwort an.

a) Wie heißt der Inspektor?   Schutz ☐   Schulz ☐   Schulze ☐

b) Was isst „die Schnecke" in dem Restaurant?   Balkenspieß ☐   Balkonspieß ☐   Balkanspieß ☐

c) Wie heißt der Besitzer der Villa?   Dr. Schöffel ☐   Dr. Schöffler ☐   Dr. Schöttler ☐

d) In welchem Restaurant treffen sich Balduin Pfiff und „die Schnecke" zufällig?

Restaurant «Pfanne» ☐   Restaurant «Fahne» ☐   Restaurant «Panne» ☐

3 Trage zunächst die Fakten des Falles zusammen. Was ist also genau passiert?
Schreibe wichtige Fragen auf und suche die Antworten aus dem Text heraus.

Frage:	Antwort:
Was ist passiert?	Ein Einbruch.

4 Lies dir nun durch, was Balduin Pfiff zu berichten weiß.

Balduin Pfiff: Die Spur der Schnecke *(Fortsetzung)*

Wolfgang Ecke

[...]

Ferdinand Huf, wie die Schnecke bürgerlich hieß, freute sich, als ich mich
an seinem Tisch niederließ. „Der Spieß ist heute sehr empfehlenswert!",
sagte er. Und ich: „Ich hätte einen alten Pantoffel als Rennpferd verwettet,
5   dass Sie sitzen!" „Wegen letzter Nacht?" Ich nickte, er lächelte.
„Ich saß in der Tat – vorübergehend. Aber mein Alibi war durch nichts zu
erschüttern."
„Wie schön für Sie!", sagte ich und bestellte gefüllte Putenbrust mit acht
Beilagen.
10 „War im Krankenhaus bei meiner alten Mutter. Die Nachtschwester konnte
es bezeugen."
„Die ganze Nacht?"
„Bis heut früh um drei. Mama wollte es so, weil sie nicht schlafen konnte."
„Ei der Daus, und die Polizei hat's geglaubt ..."

15 Die Schnecke nagte ein Stück Leber vom Spieß. „Sie musste es. Außerdem
hat sie meine Wohnung auf den Kopf gestellt. Nix mit Bildern, nix mit Goldfigur."

Ich nickte.

„Da hat einer auf Schnecke gemacht, was?"

20 „So ist es."

Es schmeckte ihm von Stück zu Stück besser. Ich lud ihn anschließend zu
einem Mokka ein.

In der gleichen Nacht hatte ich einen ganz komischen Traum. Ich wachte
davon auf und rief Inspektor Schulz an. Der meldete sich mit einem 2-Meter-

25 Gähnen.

„He, Sie müder Beamter, ich habe eben geträumt, dass die Schnecke doch der
Täter war. Sie sollten sein Alibi noch einmal unter die Lupe nehmen!"

„Wie kommen Sie darauf?", fragte Schulz plötzlich fischmunter.

„Er hat mir gestern Abend in der „Pfanne" leichtsinnigerweise mehr erzählt,

30 als er durfte. Und zwar ..."

5 Löse ebenfalls den Fall: Suche die entsprechenden Textstellen heraus, unterstreiche
sie und beantworte die Fragen.

a) Wo war „die Schnecke" angeblich zur Tatzeit?

_____

b) Warum musste die Polizei ihm glauben?

_____

c) Was hätte „die Schnecke" aber besser nicht erzählen sollen?

> **Tipp** Falls dir keine Leichtsinnigkeit aufgefallen ist, vergleiche die Informationen
> des ersten Teils mit dem, was „die Schnecke" erzählt ...

_____

_____

_____

6 Schreibe drei weitere Fragen auf, die man zu den beiden Textteilen stellen kann.

Frage 1: _____

Frage 2: _____

Frage 3: _____

7 *Partnerarbeit:* Stellt euch die Fragen gegenseitig und beantwortet sie, ohne noch
einmal in den Text zu schauen.
Variation: Bildet mehrere Gruppen und spielt gegeneinander! (Notiert eventuell dafür
die Fragen auf Zetteln und benennt einen Spielleiter, der die Fragen stellt.)

Intensives Lesen

Zwischenstopps einlegen und unbekannte Wörter klären

Das intensive Lesen dient dazu, einen Text ganz genau kennenzulernen. Beim intensiven Lesen eines Textes ergeben sich immer dann kurze Lesepausen, wenn du z. B. unbekannte Wörter nachschlägst, um den Inhalt auch wirklich zu verstehen.
Kurze Lesepausen kannst du aber auch gezielt einlegen, um dir den Inhalt des Textes zu verdeutlichen (z. B. durch die Methode *Fragen an den Text stellen*). Es bietet sich an, eine solche Pause nach der Einleitung oder nach einem wichtigen Abschnitt zu machen.

1. Schritt: Zwischenstopp – den Text in kleinen Portionen lesen

1 Hast du schon einmal etwas über den Baron von Münchhausen gehört oder gelesen? Was weißt du bereits über ihn? Ergänze den Cluster.

Münchhausen

Ritt auf der Kanonenkugel

Der Baron von Münchhausen lebte tatsächlich vor ungefähr 200 Jahren und brachte von seinen Reisen und Abenteuern viele Geschichten mit, über die man nur staunen kann. Auf der Jagd erlebte er z.B. folgende Geschichte.

2 Lies den ersten Teil des Abenteuers intensiv durch.

> **Münchhausen und der Hirsch (Teil 1)**
> *Erich Kästner*
> Ein anderes Mal, aber im gleichen Jagdrevier, stieß ich ganz unerwartet auf einen <u>kapitalen</u> Hirsch, und ausgerechnet an jenem Morgen hatte ich gerade die letzte Flintenkugel verschossen! Das stattliche Tier schien das zu ahnen und blickte mir, statt auszureißen, beinahe ein bisschen unverschämt ins
> 5 Gesicht. Weil mich das ärgerte, lud ich meine <u>Büchse</u> mit Pulver, streute eine Handvoll Kirschkerne drauf, die ich in der Rocktasche gehabt hatte, zielte zwischen das Geweih des Hirsches und schoss. Er taumelte, als sei er betäubt, trabte dann aber auf und davon.

3 Die unterstrichenen Wörter sind eher unbekannt. In einem Nachschlagewerk finden sich bei den Stichwörtern jeweils mehrere Einträge. Entscheide dich, welche Bedeutung der Begriffe in dieser Geschichte, in der es um eine Jagd geht, passt.

kapital:

a) von solcher Art, dass die betreffende Person od. Sache alles Vergleichbare übersteigt ☐

b) (Jägerspr.) besonders groß, gewaltig ☐

Büchse:

1. a) Behälter, Behältnis, Blechdose, Box, Dose ☐

   b) Konserve, Konservendose ☐

   c) Sammelkasse, Spendenkasse ☐

2. Flinte, Gewehr, Jagdflinte, Jagdgewehr, Schusswaffe ☐

4 Nach dem intensiven Lesen des Abschnittes solltest du den Inhalt genau kennen. Überprüfe, ob dir dies gelungen ist. Welche Informationen stecken in dem ersten Abschnitt? Kreuze an!

a) Münchhausen hatte für sein Gewehr nur noch eine Kugel. ☐

b) Der Hirsch blickte Münchhausen frech an. ☐

c) Münchhausen hatte zuvor Kirschen gegessen. ☐

d) Münchhausen schoss mit einer Ladung Kirschen. ☐

e) Münchhausen schoss, weil er sich über den Hirschen ärgerte. ☐

f) Münchhausen schoss, weil er sich über die Kirschen ärgerte. ☐

Dieses Jagderlebnis wäre keine echte Münchhausen-Geschichte, wenn es nicht noch weiterginge:

Münchhausen und der Hirsch (Teil 2)

Erich Kästner

Ein oder zwei Jahre danach jagte ich wieder einmal im gleichen Revier, und plötzlich tauchte vor mir ein prächtiger Hirsch auf mit einem veritablen Kirschbaum zwischen dem Geweih! Warte, dachte ich, diesmal entkommst du mir nicht! Ich streckte ihn mit einem Blattschuss nieder. Und da sein
5 Kirschbaum voller Kirschen hing, gab es am nächsten Sonntag Hirschrücken mit Kirschtunke. Ich kann euch sagen, es war ein delikates Essen!

5 Unterstreiche die dir unbekannten Wörter und schlage sie in einem Wörterbuch nach.

6 Entscheide dich, welche Aussagen zutreffen.

a) Der Hirsch stand mit seinem Geweih neben einem Kirschbaum. ☐

b) Dem Hirsch wuchs zwischen dem Geweih ein Kirschbaum. ☐

c) Münchhausen schoss auf den Kirschbaum. ☐

d) Münchhausen konnte auch Kirschen ernten. ☐

7 Was hältst du von dieser Geschichte? Kannst du dir vorstellen, dass Münchhausen tatsächlich so etwas erlebt hat oder ist mit ihm die Fantasie durchgegangen? Begründe deine Meinung.

_____

_____

_____

2. Schritt: Zwischenstopp – Fragen stellen und beantworten, Texte visualisieren

1 Lies dir nun durch, was Münchhausen angeblich auch erlebt hat:

Münchhausen und die Wildenten (Teil 1)   *Erich Kästner*
Während der Jagd bemerkte ich eines schönen Morgens ein paar Dutzend Wildenten, die friedlich auf einem kleinen See herumschwammen. Hätte ich eine Ente geschossen, wären die anderen davongeflogen, und das wollte ich natürlich nicht. Da kam mir ein guter Gedanke. Ich dröselte eine lange
5 Hundeleine auf, verknotete die Teile, sodass sie nun viermal so lang war wie vorher, und band an einem Ende ein Stückchen Schinkenspeck fest, das von meinem Frühstück übriggeblieben war. Dann versteckte ich mich im Schilf und warf vorsichtig meine Leine aus.

STOPP

2 An dieser Stelle ist der erste Abschnitt zu Ende. Kläre deshalb, bevor du weiterliest, die Ausgangssituation. Suche im Text die Antwort auf die Frage und unterstreiche die Textstelle farbig. Schreibe anschließend die Antwort in einem vollständigen Satz auf.

a) Was entdeckte Münchhausen? _____

_____

b) Wo schwammen die Enten? _____

_____

3 Ergänze die folgenden Fragen sinnvoll zur Klärung der Ausgangssituation und verfahre anschließend wie in Aufgabe 2.

Warum _____

_____

_____

Wie verlängerte _____

_____

_____

Was _____

_____

4 Alles klar? Dann lies nun, wie es weitergeht:

Münchhausen und die Wildenten (Teil 2)

Erich Kästner

Schon schwamm die erste Ente herbei und verschlang den Speck. Da er sehr glatt und schlüpfrig war, kam er bald samt dem Faden an der Rückseite der Ente wieder heraus. Da kam auch schon die nächste Ente angerudert und
5 verschlang das Speckstückchen. Auch bei ihr tauchte es kurz darauf hinten wieder auf, und so ging es weiter! Der Speck machte seine Reise durch alle Enten hindurch, ohne dass die Leine riss, und sie waren daran aufgereiht wie die Perlen an einer Schnur.

Lüge 1

5 Hier endet der nächste Abschnitt. Man kann einen Text häufig leichter verstehen, wenn man Textstellen visualisiert, den Textinhalt also als Bild zeichnet. Versuche dies, indem du in einer Skizze auf einem Extrablatt verdeutlichst, was angeblich geschehen ist.

Und so geht es weiter:

Münchhausen und die Wildenten (Teil 3)

Erich Kästner

Ich zog meine Enten an Land, schlang die Leine sechsmal um mich herum und ging nach Hause. Die Enten waren sehr schwer, und ich war schon recht müde, da begannen die Enten, die ja alle noch lebendig waren, plötzlich mit den Flügeln zu schlagen und stiegen in die Luft! Mit mir! Denn ich hatte ja
5 die Leine um mich herumgewickelt! Sie schienen zu dem See zurückfliegen zu wollen, aber ich benutzte meine langen Rockschöße als Ruder, und so mussten die Enten umkehren. Ich steuerte sie landeinwärts, bis wir nicht mehr weit von meiner Wohnung waren. Nun drehte ich der ersten Ente den Hals um, dann der zweiten, schließlich einer nach der anderen, und so sank
10 ich sanft und langsam auf mein Haus herunter, mitten durch den Schornstein und haargenau auf den Küchenherd, wo die Enten ja hin sollten. Mein Koch staunte nicht schlecht! Zu meinem Glück brannte auf dem Herd noch kein Feuer. Sonst hätte es womöglich Münchhausenbraten gegeben statt Entenbrust mit Preiselbeeren!

6 Verdeutliche auf diesem Handlungsstrahl, was Münchhausen tut.

Er zog die Enten an Land.

1   2   3   4   5

7 *Arbeitet zu zweit:* Hat Münchhausen es wirklich so erzählt? Unterstreiche die passende Textstelle und schreibe – falls notwendig – die richtige Aussage auf.

a) Münchhausen konnte die fliegenden Enten nicht steuern.

☐ Die Aussage trifft zu.   ☐ Die Aussage trifft nicht zu.

Münchhausen hat es so erzählt:

_____

_____

b) Münchhausen landete in seiner eigenen Küche.

☐ Die Aussage trifft zu.   ☐ Die Aussage trifft nicht zu.

Münchhausen hat es so erzählt:

_____

_____

8 Schreibe drei weitere Aussagen (wahr oder falsch) auf, die sich auf Münchhausens Entenjagd beziehen. Testet euch gegenseitig, wie intensiv ihr das Jagdabenteuer gelesen habt.

a) _____

☐ Die Aussage trifft zu.   ☐ Die Aussage trifft nicht zu.

b) _____

☐ Die Aussage trifft zu.   ☐ Die Aussage trifft nicht zu.

c) _____

☐ Die Aussage trifft zu.   ☐ Die Aussage trifft nicht zu.

9 Münchhausen-Geschichten wimmeln von Lügen. Wie viele Lügen hat Münchhausen uns in der Geschichte mit den Wildenten erzählt? Markiere die einzelnen Lügen in den drei Textteilen farbig und notiere einen Vermerk in der Randspalte neben den Texten.

10 Was macht die Lügengeschichte aber zunächst glaubwürdig? Entscheide dich für *eine* Begründung, die deiner Meinung nach am ehesten zutrifft.

a) Da Münchhausen seine Geschichte in der Ich-Form erzählt, könnte er es tatsächlich so erlebt haben.   ☐

b) Man muss eigentlich etwas vom Jagen verstehen, um die Lügen aufzudecken.   ☐

c) Münchhausen verbindet mehrere Lügen geschickt zu einer amüsanten Geschichte.   ☐

11 Begründe deine Entscheidung.

_____

_____

_____

_____

3. Schritt: Zwischenstopp – längere, zusammenhängende Texte in Portionen lesen

1 Die Schildbürger waren merkwürdige Leute, die lauter ungewöhnliche Ideen hatten. Ein Schildbürgerstreich trägt die Überschrift „Der versalzene Gemeindeacker". Lies nach, was damals passiert ist.

> **Der versalzene Gemeindeacker**
>
> _Erich Kästner_
>
> Eines schönen Tages wurde in Schilda das Salz knapp. Und die Händler, die durchs Land zogen, hatten keines zu verkaufen. In Salzburg sei Krieg, erzählten sie. Und in Salzbrunn und in Salzwedel auch. Und man müsse warten, bis der Krieg vorüber sei. Das missfiel den Schildbürgern. Denn
> 5 Butterbrot ohne Salz, Kartoffeln ohne Salz und Suppen ohne Salz schmeckten ihnen und ihren Kindern ganz und gar nicht. Deshalb beratschlagten sie, was geschehen solle. Und weil ihr Rathaus nun helle Fenster hatte, fiel ihnen auch gleich etwas Pfiffiges ein. [...] Da der Zucker auf Feldern wachse, meinte einer, sei es wohl mit dem Salz nicht anders. Man brauche
> 10 deshalb auf dem Gemeindeacker, der noch brachliege, nur Salz auszusäen – alles andere werde sich dann schon finden.

2 Erster Zwischenstopp zur Überprüfung des Inhalts. Beantworte die Fragen:

a) Wer ist beteiligt? _____

b) Wo spielt die Geschichte? _____

c) Wann ist sie passiert? _____

d) Was war das Problem? _____

3 Welche Vorschläge könnten noch von den Schildbürgern stammen? Kreuze an!

a) „Kein Problem! Zucker und Salz sehen sich so ähnlich, wir vertauschen sie einfach!" ☐

b) „Salz ist sowieso ungesund. Wir salzen nichts mehr." ☐

c) „Wir erfinden eine Pfefferkörnerbleichmaschine und salzen mit gebleichtem Pfeffer." ☐

d) „Ganz einfach! Wir erhitzen Schmalz, filtern das ‚chm' heraus und übrig bleibt Salz." ☐

4 Lies dir nun die Fortsetzung durch. Die Stoppzeichen stehen für das Ende eines Abschnittes, an dem du für dich selbst den Inhalt klären kannst. Natürlich kannst du auch an anderen Stellen Zwischenstopps einlegen. Wichtig ist vor allem, dass du nachher Fragen zum Text beantworten kannst.

Der versalzene Gemeindeacker (Fortsetzung)
Erich Kästner

[...] Sie streuten die Hälfte ihres Salzvorrats auf den Acker, stellten Wachposten mit langen Blasrohren an den Rändern des Feldes auf, für den Fall, dass die Vögel das Salz würden stehlen wollen, und warteten ab. Schon nach ein paar Wochen grünte der Acker, dass es eine Lust war. Das Salzkraut schoss
5 nur so in die Höhe. Die Feldhüter saßen mit ihren Blasrohren auf der Lauer. Aber die Vögel blieben zum Glück aus. Und die Schildbürger rechneten schon nach, wie viel Salz sie ernten würden. Hundert Zentner, meinten sie, könnten sie vermutlich sogar exportieren.

Doch da kamen die Kühe und Ziegen aus dem Nachbardorf! Die Kühe und
10 Ziegen kamen also und trampelten in dem herrlich wachsenden Salzkraut herum. Die Feldhüter schossen mit ihren Blasrohren, was das Zeug hielt. Doch das Vieh machte sich nichts draus. Die Schildbürger wussten sich wieder einmal keinen Rat. Bis der Hufschmied eine Haselnussgerte von einem Strauche losriss und aufs Feld stürzen wollte, um die Tiere zu verjagen.
15 „Bist du toll?", schrie der Bäcker. „Willst auch du noch unser Kraut niedertrampeln?" Und sie stürzten sich auf den Schmied und hielten ihn fest. Da rief er: „Wie sonst soll ich denn das Vieh vertreiben, wenn ich nicht ins Feld laufen darf?" „Ich weiß einen Ausweg", sagte der Schulmeister: „Du setzt dich auf ein Brett. Vier von uns heben dich mit dem Brett hoch. Und dann
20 tragen sie dich ins Feld. Auf diese Weise wirst du kein einziges Hälmchen zertreten."
Alle waren von dem Vorschlag begeistert. Man trug, zu viert, den Schmied mit seiner Gerte über den Acker, und er verjagte das fremde Vieh, ohne dem Salzkraut auch nur ein Haar zu krümmen!

25 Eine Woche später gerieten ein paar Kinder, obwohl es ihnen streng verboten war, beim Spielen ins Salzkraut hinein. Sie waren barfuß und sprangen, kaum dass sie drin waren, schreiend wieder heraus und rannten wie der Wind nach Hause. „Es beißt schon!", riefen sie aufgeregt und zeigten den Eltern ihre Füße und Waden. Überall hatten sie rote Flecken und es brannte
30 fürchterlich.
„Das Salz ist reif!", rief der Schweinehirt. „Auf zur Ernte!" Die Schildbürger ließen ihre Arbeit stehen und liegen, spannten die Pferde und Ochsen vor die Erntewagen und fuhren, mit Sicheln, Sensen und Dreschflegeln, zum Gemeindeacker. Das Salzkraut biss ihnen in die Beine, dass sie wie die
35 Lämmer herumhüpften. Es zerkratzte ihnen die bloßen Arme. Sie bekamen rot geschwollene Hände. Tränen traten ihnen in die Augen und rollten ihnen über die Backen. Und es dauerte gar nicht lange, so warfen sie die Sensen und Sicheln weg, sprangen weinend aus dem Acker, fuchtelten mit den brennenden Armen, Händen und Beinen im Wind und fuhren zur Stadt zurück.

40 „Nun?", fragten ihre Frauen. „Habt ihr das Salz schon abgeerntet?" Die Männer steckten die Hände und Füße ins kalte Wasser und sagten: „Nein. Es hat keinen Zweck. Das Salz ist uns zu salzig!"
Ihr wisst natürlich längst, was da auf dem Felde gewachsen war und was so beißen konnte. Es waren Brennnesseln! Ihr wisst es, und ich weiß es. Wir
45 sind ja auch viel gescheiter, als die Schildbürger waren.

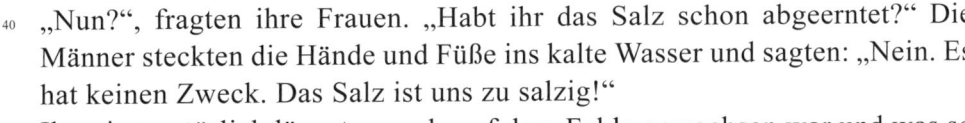

5 Verdeutliche auf diesem Handlungsstrahl, was in der Geschichte weiterhin passiert.
Für jeden Zwischenstopp solltest du einen Schritt auf dem Handlungsstrahl eintragen.

Die Schildbürger
säten Salz aus.

1. Zwischen-
   stopp

2. Zwischen-
   stopp

6 *Partnerarbeit:* Notiere auf den Schreiblinien drei Fragen mit Multiple-Choice-Antworten (auf einem Extrablatt)
zu diesem Schildbürgerstreich, die ein Mitschüler beantworten muss:
Beispiel: Warum haben die Schildbürger das Salzkraut nicht abgeerntet?

a) Das Salz war nicht sehr salzig.   ☐

b) Das Salz war ihnen zu salzig.   ☒

c) Das Salz war gar nicht salzig.   ☐

a) _____

b) _____

c) _____

7 Stellt euch die Fragen gegenseitig. Wer kennt den Text gut?

8 Lies den Text noch einmal durch und markiere die Textstellen, in denen die Schildbürger sich „dumm" verhalten.

9 Was meinst du, waren die Schildbürger wirklich dumm? Begründe deine Meinung.

_____

_____

_____

_____

topfit Deutsch – Lesekompetenz 1 © 2007 Oldenbourg Schulbuchverlag

Den Inhalt eines Textes sichern – Abschnitte zusammenfassen I

1. Schritt: Kernaussagen unterstreichen – Überschriften zuordnen

Den Verlauf der Handlung kannst du schnell erfassen, wenn du den Text in Abschnitte gliederst und zu den einzelnen Abschnitten Überschriften formulierst, die möglichst genau den jeweiligen Inhalt treffen. Ein wichtiger Schritt zu einer passenden Überschrift ist das Unterstreichen von Wörtern oder Wortgruppen (Schlüsselwörter), die den Kerngedanken eines Abschnittes deutlich machen.

Tipp In erzählenden Texten kannst du einen neuen Abschnitt oft daran erkennen, dass etwas Neues im Verlauf der Handlung passiert (z. B. eine neue Figur taucht auf, von einem anderen Zeitpunkt oder anderem Ort wird erzählt).

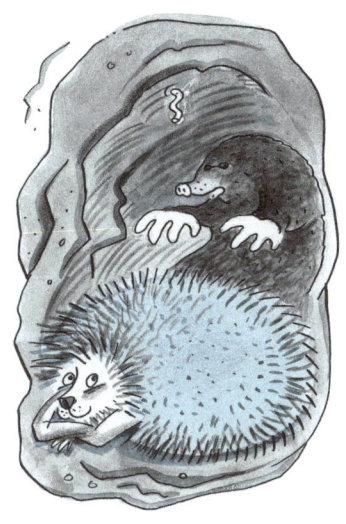

1 Erschließe die folgende Fabel, indem du zunächst orientierend liest und achte auf das Druckbild. Wie viele Abschnitte vermutest du?

Die Fabel hat vermutlich _____ Abschnitte.

2 Lies dir die kurze Fabel nun intensiv durch und überprüfe, ob jeder Absatz auch tatsächlich ein eigener neuer Abschnitt ist. Trenne die Abschnitte durch eine Bleistiftlinie voneinander.

Der Igel und der Maulwurf

Äsop

Als <u>der Igel</u> spürte, dass der Winter nahte, <u>bat</u> er <u>den Maulwurf, ihm ein Plätzchen in seiner Höhle einzuräumen</u>, damit er hier gegen Kälte geschützt sei.

Der Maulwurf war zufrieden; **doch kaum** hatte der Igel Einlass erhalten,
5 so machte er es sich bequem, breitete sich aus und sein Wirt stach sich alle Augenblicke bald hier, bald da an den Stacheln des neuen Gastes.

Jetzt erst erkannte der arme Maulwurf seine Übereilung, schwur hoch und teuer, dass ihm dies unerträglich sei, und bat den Igel wieder hinauszugehen, weil seine kleine Wohnung sie unmöglich beide fassen könne.

10 Aber der Igel lachte und sprach: „Wem es hier nicht gefällt, der weiche! Ich für meine Person bin wohl zufrieden und bleibe."

Die Bitte des Igels

3 Im zweiten Abschnitt ist eine Textstelle bereits hervorgehoben, die dir deutlich signalisiert: Es passiert etwas Neues. Am Anfang der beiden folgenden Abschnitte findest du ebenfalls solche Signale, die eine Veränderung anzeigen. Unterstreiche diese Textstellen.

4 Lies dir den ersten Abschnitt noch einmal durch und verdeutliche dir die Ausgangssituation, z.B. mithilfe der W-Fragen.

5 Welche Überschrift trifft den Kerngedanken des ersten Abschnittes genau? Beachte dazu die Unterstreichungen.

a) Der hilfsbereite Maulwurf ☐   b) Die Bitte des Igels ☐

6 Begründe deine Entscheidung mithilfe der passenden Textstelle.

_____

_____

_____

7 Lies dir nun die anderen Abschnitte noch einmal sorgfältig durch und unterstreiche die Wörter, die den Kerngedanken des jeweiligen Abschnitts genau treffen.

8 Nutze deine Unterstreichungen und wähle für jeden Abschnitt aus den folgenden Überschriften eine aus, die den Kerngedanken jeweils genau trifft. Trage die Überschrift in die Randspalte (S. 43) ein.

Der arme Maulwurf   Hier ist kein Platz für zwei!   Die Bitte des Maulwurfs

Der rücksichtslose Igel   Platz ist auf engstem Raum   Vorsicht, überall Stacheln!

Die Erkenntnis des Maulwurfs   Der stachelige Igel   Die Bitte des Igels

9 In einer Fabel steckt immer eine Lehre (Moral). Entscheide dich, welche Lehre zu dieser Fabel deiner Meinung nach am besten passt.

a) Schnell entschieden, lang bereut!   ☐

b) Frechheit siegt!   ☐

c) Hüte dich vor Igeln!   ☐

d) Wenn du einen Igel triffst, musst du dich wehren können. ☐

e) Gutmütigkeit zahlt sich nicht immer aus.   ☐

f) Prüfe deine Freunde!   ☐

10 Begründe deine Entscheidung.

_____

_____

_____

_____

11 Was könnte der Maulwurf erwidern, damit der Igel doch die Höhle verlässt?

_____

_____

topfit Deutsch – Lesekompetenz 1 © 2007 Oldenbourg Schulbuchverlag

2. Schritt: Den Text in Abschnitte einteilen – Überschriften formulieren

1 Das folgende Märchen von Ali Abu hat teilweise schon vorgegebene Sinnabschnitte. Lies es dir sorgfältig durch. Du kannst für dich Zwischenstopps einlegen und überprüfen, ob du den Inhalt verstanden hast (z.B. durch W-Fragen).

Ali Abu und die gekochten Eier

Märchen aus 1001 Nacht

Es war einmal ein Bauer namens Ali Abu, der hatte durch eine große Dürre die Ernte seines einzigen Feldes verloren. Weil er nun bettelarm war, beschloss er, sein Glück in einem anderen Land zu suchen. Er sattelte seinen Esel und kaufte bei einem Händler zehn hartgekochte Eier, die sollten ihm
5 als Reiseproviant dienen. Er verstaute die Eier in der Satteltasche und versprach dem Händler, sie bei seiner Heimkehr zu bezahlen. Dann ritt er auf seinem Esel fort.

Sieben lange Jahre zogen ins Land. Da kam Ali Abu eines Tages zurück. Stolz saß er im Sattel eines edlen schwarzen Pferdes. Ihm folgte ein Diener
10 auf einem Kamel, das mit Gold- und Silbermünzen beladen war. Die Nachricht von seinem Reichtum verbreitete sich schnell im ganzen Dorf.

Der Händler, der ihm damals die zehn Eier verkauft hatte, klopfte bald an seine Tür. Er verlangte fünfhundert Silbermünzen zur Begleichung der alten Schuld. Doch Ali Abu weigerte sich, eine so übertrieben hohe Summe
15 zu zahlen, und die Streitfrage endete vor dem Kadi, dem orientalischen Richter.

Am Tag der Verhandlung traf der Händler pünktlich im Gericht ein, aber Ali Abu ließ sich nicht blicken. Der Kadi wartete über eine Stunde und wollte gerade das Urteil fällen, als Ali Abu endlich keuchend und atemlos eintraf.
20 Dem Händler wurde sogleich das Wort erteilt, und er rechtfertigte seine Forderung auf folgende Weise: „Ich habe die fünfhundert Silbermünzen von Ali Abu verlangt, weil aus den zehn Eiern, die er vor sieben Jahren auf Kredit bei mir gekauft hat, zehn Küken hätten ausgebrütet werden können. Daraus wären zehn Hähne und Hühner geworden, diese hätten sich aber- und aber-
25 mals vermehrt, bis ich in sieben Jahren einen riesigen Hühnerhof gehabt hätte."

„Ja, das stimmt!", rief der Kadi, „du hast Recht!"

Dann wandte er sich an Ali Abu und befahl mit eisiger Stimme: „Und jetzt verteidige dich! Aber zuerst musst du uns erklären, warum du zu spät ge-
30 kommen bist!"

Ali Abu antwortete, ohne eine Miene zu verziehen: „Ich hatte am Mittag einen Teller gekochter Erbsen übrig, die habe ich noch schnell im Garten ausgesät, damit ich sie nächstes Jahr ernten kann!"

Der Kadi rief darauf sogleich: „Du Dummkopf, seit wann keimen und wach-
35 sen denn gekochte Erbsen?"

Da antwortete Ali Abu schlagfertig: „Seitdem aus gekochten Eiern Küken ausgebrütet werden."

Und so gewann Ali Abu den Prozess.

Vorübungen für Textzusammenfassungen I

2 Teste deine Textkenntnis und entscheide, welche Aussagen zutreffen.

a) Der Bauer hieß Abu Ali. ☐

b) Er kaufte zehn Eier auf Kredit. ☐

c) Der Bauer ritt auf seinem Pferd fort. ☐

d) Der arme Bauer kehrte als reicher Mann zurück. ☐

e) Ali Abu und sein Diener ritten auf einem Kamel. ☐

f) Der Diener war mit Gold- und Silbermünzen behangen. ☐

g) Man nennt einen orientalischen Richter Kadi. ☐

h) Der Händler verlangte 500 Silbermünzen von Ali Abu. ☐

i) Aus den Eiern hätten zehn Küken ausgebrütet werden können. ☐

j) Der Kadi gab zunächst dem Händler Recht. ☐

k) Aus gekochten Erbsen wachsen keine neuen Erbsenpflanzen. ☐

l) Ali Abu gewann den Prozess mit einer pfiffigen Idee. ☐

3 Untersuche die Abschnitte 2 und 3 genauer und unterstreiche jeweils die Wörter (z. B. eine neue Zeitangabe), die dir signalisieren, dass ein neuer Abschnitt beginnt. Trage sie in die Randspalte ein.

4 Lies dir den restlichen Text noch einmal gründlich durch und teile ihn in Abschnitte ein. Achte dabei auf ein Textsignal, das auf einen neuen Abschnitt hinweist. Trage das Signalwort in die Randspalte ein.

5 Unterstreiche, wie beispielhaft in Abschnitt 1, in den einzelnen Abschnitten Textstellen, die den Kerngedanken treffen.

6 Nutze deine Unterstreichungen und wähle für die ersten drei Abschnitte eine passende Überschrift aus

Abschnitt 1 (Z. 1–7)

    a) Das Versprechen ☐

    b) Mit zehn gekochten Eiern auf der Suche nach dem Glück ☐

    c) Der arme Ali Abu ☐

Abschnitt 2 (Z. 8–11)

    a) Der reiche Ali Abu kehrt zurück ☐

    b) Ali Abu ist verändert ☐

    c) Mit Diener, Pferd und Kamel zurück ☐

Abschnitt 3 (Z. 12–16)

    a) Die übertriebene Forderung des Händlers ☐

    b) 500 Silbermünzen für zehn gekochte Eier? ☐

    c) Ali Abu weigert sich ☐

7 Formuliere anschließend für die beiden letzten Abschnitte selbst eine Überschrift.

Abschnitt 4 (Z. 16 – ____) _____

Abschnitt 5 (Z. ____ – 38) _____

8 Wodurch kannst du am Verhalten des Richters erkennen, dass er zunächst auf der
Seite des Händlers steht? Unterstreiche im Text.

3. Schritt: Den Text in Abschnitte einteilen, Schlüsselwörter finden, Überschriften formulieren

*In jedem Abschnitt eines Textes kannst du innerhalb der wichtigen Textstellen, die
den Kerngedanken treffen, noch einzelne Wörter oder Begriffe unterstreichen, die der
Schlüssel zu diesem Abschnitt sind. Man nennt sie Schlüsselwörter. Wenn du dieses
Wort kennst, entschlüsselst du den Inhalt des Abschnittes wie ein Tresorknacker den
Code des Tresors.*

1 Das Jugendbuch „Rennschwein Rudi Rüssel" beginnt mit folgendem Kapitel. Lies dir
den Anfang sorgfältig durch und denke an Zwischenstopps beim Lesen.

Rennschwein Rudi Rüssel

Uwe Timm

Wir haben zu Hause ein Schwein. Ich meine damit nicht meine kleine Schwe-
ster, sondern ein richtiges **Schwein**, das auf den Namen **Rudi Rüssel** hört.
Wie wir zu dem Schwein gekommen sind? Das ist eine lange Geschichte.
Zwei Jahre ist das her, da fuhren wir an einem Sonntag aufs Land. Wir,

5   das sind meine Mutter, mein Vater, meine Schwester Betti, die nur ein Jahr
jünger ist als ich, und Zuppi, meine kleine Schwester. Wir fuhren in die
Lüneburger Heide und dann begann das, was wir Kinder überhaupt nicht
mögen – es wurde gewandert. Fürchterlich. Wir latschten durch die Gegend
und Vater und Mutter sagten alle naslang: „Guckt mal da, wie schön." Sie

10   blieben dann jedes Mal stehen und zeigten auf irgendeinen Hügel oder einen
Baum. Sie erwarteten, dass wir staunten. Aber was soll man schon zu einem
Hügel sagen? Und weil wir dann immer sagten, wir wollen eine Limo, wurde Mutter langsam böse und meinte, wir sollten gefälligst erst mal etwas
laufen. Dabei taten uns schon die Beine weh und Zuppi quengelte, sie könne

15   nicht mehr laufen. Daraufhin nahm Vater sie auf die Schultern und stapfte
durch die sandigen Wege, schwitzte und redete nicht mehr von der Schön-
heit der Landschaft.
Endlich kamen wir nach Hörpel, einem kleinen Dorf. In einem Gasthof wurde gerade ein Fest gefeiert. Die Dorffeuerwehr hatte ihr 50-jähriges Jubi-

20   läum. Unter den Kastanienbäumen saßen die Leute an langen Holztischen,
tranken Bier und aßen Bratwürstchen. Auf einem Podium spielte eine Blas-
kapelle. Wir konnten uns endlich hinsetzen und bekamen unsere Limo.
Irgendwann hörte die Kapelle auf zu spielen und ein Mann in Feuerwehruni-
form ging zum Mikrofon und sagte: „Jetzt beginnt unsere Tombola. Jeder,

25   der ein Los kauft, hilft damit, dass wir uns einen neuen Hochdruckschlauch
kaufen können. Es gibt viele kleine und einen sehr nahrhaften Hauptpreis."

(handschriftlich:) Unser Schwein
Rudi Rüssel

Dann kam ein Mann an unseren Tisch mit einem kleinen Eimer in der Hand, und darin waren die Lose. Jeder von uns durfte sich eins kaufen. Mein Los
30 war eine Niete. Betti bekam einen Trostpreis, einen Fahrradwimpel mit der Aufschrift: Freiwillige Feuerwehr Hörpel. Zuppi zog eine rote Nummer. Als die Lose verkauft waren, rannte sie damit nach vorn, zum Podium. Der Feuerwehrmann ließ sich das Los zeigen und rief: „Die Nummer 33! Hier ist die Gewinnerin des Hauptpreises! Wie alt bist du?"

35 „Sechs."

„Gehst du schon zur Schule?"

„Nein. Ich bin erst vor zwei Wochen sechs geworden."

„Weißt du, was du gewonnen hast?"

„Nein."

40 „Du hast Schwein. Du hast nämlich ein kleines Schwein gewonnen." Und dann hob der Mann ein Ferkel aus einer Kiste und drückte es Zuppi in die Arme. Die Leute klatschten und lachten.

Zuppi schleppte breit grinsend das Ferkel zu unserem Tisch und setzte es Mutter auf den Schoß. Es war ein sauberes rosiges Tier mit einer dicken
45 Schnauze, kleinen flinken Äuglein und großen Schlappohren. Es sah wirklich niedlich aus, trotzdem machte Vater ein finsteres Gesicht. Als ein Bauer, der an unserem Tisch saß, uns zu dem Ferkel gratulierte, lächelte Vater gequält. Man muss wissen, Vater mag keine Haustiere. Tiere gehören nicht ins Haus, sagt er immer. Und jetzt hatte Mutter dieses Ferkel auf dem Schoß
50 und kraulte ihm das eine Schlappohr.

„Niedlich, nicht", sagte Zuppi begeistert, „guck mal dieser kleine Ringelschwanz."

Vater nahm die Pfeife aus dem Mund.

„Ganz nett", sagte er, „aber wenn wir gehen, dann gibst du das Tier zurück!"
55 „Nein", rief Zuppi, „ich hab das gewonnen. Das gehört mir."

„Wir können das Tier doch nicht mitnehmen." Da begann Zuppi zu weinen, und wenn sie weint, dann tut sie das ziemlich laut. Von den anderen Tischen sahen sie herüber. Warum weinte das kleine Mädchen, das doch eben ein Glücksschwein gewonnen hatte?
60 Vater, der schon die Hand ausgestreckt hatte, um das Ferkel auf den Boden zu setzen, zog die Hand wieder zurück. Die Leute am Nachbartisch sahen ihn finster an. Es hatte aber auch so ausgesehen, als habe er dem Ferkel einen Klaps geben wollen. „Gut, gut", sagte Vater, „dann behalt das Vieh erst mal."

2 Bist du dir unsicher, ob du den Text gut kennst? Dann beantworte die Fragen.

a) Seit wann lebt Rudi Rüssel bei der Familie? _____

b) Wie heißen die Schwestern des Erzählers? _____

c) Was hat die Familie an jenem Sonntag gemacht? _____

d) Wo fand das Feuerwehrfest statt? _____

e) Was hat Betti gewonnen? _____

f) Wer hat Rudi Rüssel gewonnen? _____

g) Wie alt ist Zuppi? _____

h) Welches Familienmitglied mag keine Haustiere? _____

i) Wie reagiert Zuppi, als sie Rudi zurückgeben soll? _____

j) Wer erlaubt ihr, Rudi doch mitzunehmen? _____

> **Tipp** **für die folgenden Aufgaben:**
> Bei den folgenden Aufgaben musst du viele Unterstreichungen im Text
> „Rennschwein Rudi Rüssel" vornehmen. Am besten arbeitest du pro Aufgabe
> mit einer anderen Farbe oder aber du wählst eine andere Art der Unterstrei-
> chung, also z.B. durchgehende Linie, gestrichelte oder gewellte Linie usw.

3 Lies dir den Text noch einmal sorgfältig durch und achte dabei auf Textsignale, die
auf einen neuen Abschnitt hinweisen. Unterstreiche diese Textstellen.

4 Teile den Text in Abschnitte ein und trenne die einzelnen Abschnitte durch eine Linie.
> **Tipp** Der Text hat so viele Abschnitte wie die Familie des Erzählers Mitglieder.

5 Vervollständige die Übersicht. Welche Zeilen (Zeile = Z.) umfassen die einzelnen
Abschnitte? Nutze dafür die Zeilennummerierung am linken Textrand.

Abschnittseinteilung   Schlüsselwörter

1. Abschnitt: Z. _1_ – Z. _4_ Schwein, Rudi Rüssel

2. Abschnitt: Z. _5_ – Z. _____ _____

3. Abschnitt: Z. _____ – Z. _____ _____

4. Abschnitt: Z. _____ – Z. _____ _____

5. Abschnitt: Z. _____ – Z. _____ _____

6 Unterstreiche in jedem Abschnitt die Textstellen, die den Kerngedanken möglichst
genau treffen.

7 Suche nun die Schlüsselwörter eines Abschnittes aus deinen Unterstreichungen heraus. Im ersten Abschnitt sind solche Schlüsselwörter bereits hervorgehoben. Welche
Wörter oder Begriffe sind in den anderen Abschnitten besonders wichtig? Schreibe
sie bei Aufgabe 5 hinter die Zeilenangaben.

8 Formuliere abschließend für jeden Abschnitt eine passende Überschrift. Nutze dazu die
Schlüsselwörter. Trage die Überschrift in die Randspalte neben den Text ein (s. S. 47).

Den Inhalt eines Textes sichern – Abschnitte zusammenfassen II

1. Schritt: Stichworte zu Textabschnitten erstellen

Stichworte zu einem Textabschnitt herauszuschreiben ist vor allem dann wichtig, wenn du dir den Inhalt eines Textes länger merken sollst oder für die Bearbeitung einer Aufgabenstellung mehrere Textstellen berücksichtigt werden müssen.

Um eine *Stichwort-Liste* zu erstellen, solltest du dir nach dem ersten Lesen des Textes die einzelnen Textabschnitte noch einmal konzentriert im Hinblick auf die Aufgabenstellung durchlesen.

Wichtig: Mache dir immer bewusst, welche Aufgabe du zu erfüllen hast. Unterstreiche <u>nur</u> die Wörter, Satzteile oder Sätze, die wichtig für die Lösung sind.

Schreibe anschließend Stichworte heraus und verzichte auf Artikel, Konjunktionen usw., um die Stichwortliste möglichst kurz zu halten. Diese Stichworte nutzt du dann für die schriftliche Beantwortung der Aufgabenstellung.

1 Lies dir zunächst den Text durch.

Eines Indianers Appetit

Frederik Hetmann

In New York wurde einem <u>reichen weißen Mann</u> ein <u>alter Häuptling</u> vorgestellt. Der weiße Millionär fand Gefallen an dem Indianer und <u>er lud ihn zum Essen ein.</u> Der rote Mann hatte <u>seit langer Zeit kein gutes Steak mehr gegessen.</u> Er nahm die Einladung mit Freuden an. Bei Tisch <u>war er im Nu</u>
5 mit dem Stück Fleisch <u>fertig,</u> das man ihm vorsetzte, und er blickte <u>immer noch hungrig</u> drein.
<u>Der weiße Mann</u> <u>bot ihm an,</u> noch ein <u>zweites Steak</u> für ihn zu bestellen. Während <u>sie darauf warteten,</u> dass es serviert wurde, sagte der Millionär lächelnd: „Häuptling, <u>Ihren Appetit möchte ich haben!"</u>
10 Der Indianer wiegte seinen Kopf, dann sagte er: „Das sieht dem weißen Mann ähnlich. <u>Ihr habt mir mein Land weggenommen.</u> Ihr habt mir mein Gebirge und meine Ströme weggenommen und jetzt – <u>jetzt wollt ihr auch noch meinen Appetit. Wann werdet ihr endlich einmal genug bekommen und euch zufriedengeben?"</u>

2 Welche Antwort würde der Millionär dem Indianer geben? Wähle die treffendste aus.

a) „Häuptling, seien sie doch nicht so empfindlich. Ich lade sie ja schließlich ein." ☐

b) „Häuptling, lieber Freund, sie dürfen das doch nicht wörtlich nehmen." ☐

c) „Häuptling, schon gut, schon gut. Behalten sie ihren Appetit." ☐

3 Begründe deine Entscheidung.

4 Was ist in dieser Geschichte passiert? Stelle dazu aus den Unterstreichungen im Text Stichworte zusammen.

Weißer Millionär, alter Indianerhäuptling, Einladung zum Steak-Essen

5 Tauscht eure Stichwortliste (Aufgabe 4) aus. Überprüft sie, indem ihr euch gegenseitig die Geschichte mithilfe der Stichwortliste erzählt.

6 Wertet eure Stichwortliste aus: Müssen Stichworte ergänzt werden? Können Stichworte gestrichen werden?

7 Nutze deine überarbeitete Stichwortliste und schreibe das Erlebnis aus der Sicht des Indianerhäuptlings auf.

2. Schritt: Stichworte formulieren

1 Lies dir zunächst den Text durch.

Der Domstein

Hans Peter Richter

Vor anderthalb Jahrtausenden beschlossen die Trierer, Gott zu Ehren eine große Kirche, einen Dom, zu errichten. Nur die besten Fachleute sollten an dem geplanten Werk mitarbeiten. Aus aller Welt strömten die Maurer und Steinmetzen in Trier zusammen, um an dem Bau ihre Kunst zu beweisen.

5 Eines Tages meldete sich beim Leiter des Baues ein Mann, <u>der seine Mütze auf dem Kopf behielt</u>. Er hinkte auch ein wenig, und wenn man ihm nah kam, dann schien er schwefelig zu stinken. Der Bauleiter schöpfte sogleich Verdacht. Doch der Bewerber erkundigte sich zunächst, was das denn überhaupt werden solle, was man da zu bauen plane. An fähigen Arbeitskräften

10 war dem Meister sehr viel gelegen. Weil er den Neuen für sehr fähig hielt, wollte er ihn nicht verprellen. Er erzählte ihm also, die Stadt Trier wolle ein großes Festhaus errichten, in dem viel geredet und gesungen und sogar gegessen und getrunken werden solle. Mit dieser Antwort war der Teufel – denn um den handelte es sich bei dem fähigen Handwerker – sehr zufrieden.

15 Er versprach, sich nach besten Kräften einzusetzen.

Und seine Kräfte waren tatsächlich übermenschlich. Er schleppte heran, was zum Bau gebraucht wurde. Aus den entferntesten Gegenden trug er die schwersten seltenen Gesteine herbei. Um das Werk zu vollenden, von dem er hoffte, dass es letztlich ihm allein nützen würde, schaffte er unermüdlich.

20 So wuchs der neue Dom – oder in des Teufels Vorstellung: das neue Festhaus – rasch und prächtig. Bald würde der Bau vollendet dastehen. Insgeheim aber hatte der Meister des Baues den Bischof über den tatkräftigen Helfer unterrichtet. Man kam überein, dem Teufel einen Streich zu spielen. Ohne dass dieser etwas davon erfuhr, bereitete man die Einweihung des

25 Gotteshauses vor. Zuvor schickte man den Hinkenden nach einem besonders schweren Stein, der von sehr weit herzuholen war.

Der Teufel machte sich auf den Weg. Doch als er, gebeugt unter der schweren Last, zurückkehrte, da hörte er die Glocken zur Einweihung des Trierer Domes läuten. Zu spät erkannte er, wie man ihn genarrt hatte. In seiner Wut

30 schleuderte er den schweren Stein gegen das Gotteshaus, um es zu zerstören. Doch der Wurf verfehlte sein Ziel. Der Stein fiel vor den Eingang des Domes zur Erde.

Dort liegt der Domstein noch heute. Und die Kinder aus Trier wetzen auf ihm rutschend ihre Hosenböden ab.

2 Weshalb hat der Bauleiter des Domes vermutet, dass sich der Teufel bei ihm bewirbt?
Um diese Aufgabe zu lösen, musst du zunächst die Textstellen heraussuchen, die auf
den Teufel hinweisen. Unterstreiche sie und ergänze die Stichwortliste.

Hinweise auf den Teufel:

Mütze,

3 Nutze nun die Stichworte und schreibe eine Antwort in einem vollständigen Satz auf:

Der Bauleiter

4 Was hat der Bauleiter dem Bischof über seine neue Arbeitskraft berichtet?
Suche die Textstellen heraus, die beschreiben, wie der Teufel gearbeitet hat. Unterstreiche sie und schreibe Stichworte auf:

5 Nutze deine Stichworte (Aufgabe 3 und Aufgabe 4) und erkläre mit eigenen Worten,
welchen Plan beide entwickelt und welche Gründe sie dafür haben.

3. Schritt: Stichworte zu Handlungsschritten erstellen

In einer Stadt im Orient trugen einmal drei Geschichtenerzähler untereinander einen Wettbewerb aus. Sie beschlossen, dass nur derjenige ein Geschichtenerzähler bleiben dürfe, der die meisten Zuhörer mit einer Geschichte von Dieben um sich versammeln kann. Nachdem die ersten beiden Geschichtenerzähler an der Reihe waren, erzählt der dritte eine Geschichte von einem Kalifen und einem Bartscherer.

1 Lies dir die Geschichte vom Kalifen Harun al Raschid zunächst einmal durch. Denke dabei an Zwischenstopps beim Lesen (s. S. 35ff.), um dir den Inhalt zu verdeutlichen.

Der Kalif und der Bartscherer
James Krüss

Als Harun al Raschid, der große Kalif, wieder einmal verkleidet durch das nächtliche Bagdad schlenderte, wandelte ihn der Appetit nach gerösteten Kastanien an. Während er nun auf einen alten Kastanienverkäufer zuging, merkte er plötzlich, dass er vergessen hatte, sich Geld einzustecken. Weil aber der Kalif nicht gewohnt ist, auf Wünsche zu verzichten, so kam Harun al Raschid auch ohne Geld zu seinen Kastanien.

Er hob einen Stein von der Straße auf und warf ihn, als er beim Kastanienverkäufer vorbeikam, heimlich gegen ein Haustor. Da hallte ein mächtiger Schlag durch die nächtliche Straße und der Kastanienverkäufer drehte sich erschrocken um. Diesen Augenblick benützte der Kalif, um sich rasch eine Handvoll Kastanien zu stehlen. Er verbarg sie unter seinem Kaftan und ging seelenruhig weiter, damit er sich durch ängstliche Eile nicht verrate. Als er aber die Kastanien zu essen begann, merkte er, dass er beim Stehlen einen kostbaren Ring verloren hatte, und er murmelte: „Teure Kastanien!"

Bald darauf bekam der Kalif Lust auf türkischen Honig und in demselben Augenblick sah er auch schon eine Honigverkäuferin an einer Straßenecke neben einem Feuerchen stehen. Weil nun ein Kalif nicht gewohnt ist, auf Wünsche zu verzichten, so kam Harun al Raschid auch ohne Geld zu seinem Honig. Er warf, als er an der Verkäuferin vorbeiging, heimlich die Schalen seiner Kastanien ins Feuer, und da knisterten, knackten und zischten die Flammen, dass die Honigverkäuferin erschrocken zur Seite sprang und ängstlich das aufgeregte Feuerchen anstarrte. Diesen Augenblick benützte der Kalif, um sich rasch ein Stück türkischen Honig abzubrechen. Er verbarg ihn unter dem Kaftan und schritt dann würdig fort, ohne sich etwas anmerken zu lassen. Als er aber eine Strecke weiter den Honig unter dem Kaftan hervorzog, merkte er, dass er beim Stehlen seinen kostbaren Dolch verloren hatte, und er murmelte: „Teurer Honig!"

Wieder einige Zeit später gelüstete es ihn nach Kirschen. Weil nun ein Kalif nicht gewohnt ist, auf Wünsche zu verzichten, so kam Harun al Raschid auch ohne Geld zu seinen Kirschen. Er schlenderte langsam in eine dunkle Nebenstraße, strich wie zufällig an einem Gartenzaun vorbei und stahl sich im Vorübergehen eine Handvoll Kirschen von einem Baum. Die verbarg er unter dem Kaftan. Als er aber nach einigen Schritten die Kirschen zu essen begann, merkte er, dass er beim Stehlen einen kostbaren Ohrring verloren hatte, und er murmelte: „Teure Kirschen!"

Am nächsten Tag, als der Kalif wieder in voller Pracht in seinem Palaste saß, ließ er durch Ausrufer verkünden, dass er einen Ring, einen Dolch und einen Ohrring verloren habe und dass er den Findern hohe Belohnung verspreche. Er hoffte, dass der Kastanienverkäufer, die Honigverkäuferin und der Gartenbesitzer kommen würden und dass er sie so für das gestohlene Gut entschädigen könne. Aber niemand von den dreien kam. Vielmehr wurden die Kostbarkeiten mehrere Wochen später bei einem jungen Bartscherer in der Wohnung gefunden, den man sogleich in Fesseln vor den Kalifen brachte.

„Wie kommst du zu meinem Schmuck?", fuhr der Kalif den Bartscherer an.

„Verzeiht mir, o Beherrscher aller Gläubigen",
70 antwortete der junge Mann mit niedergeschlagenen Augen. „Ich nahm sie Euch ab aus Sorge um Euer Wohlergehen."

Über diese Antwort staunten die Höflinge, aber am meisten der Kalif selber.

75 „Erkläre mir das näher, Bursche!", sagte er.

„Nun denn, o großer Kalif, so wisst, dass ich Euch den Ring beim Kastanienverkäufer abnahm aus Furcht, Ihr könntet damit hängenbleiben und Euch so verraten."

80 Wieder staunten die Höflinge über diese Antwort. Nur der Kalif staunte nicht. Er soll sogar gelächelt haben.

Der Bartscherer aber fuhr fort: „Den Dolch, o Beherrscher aller Gläubigen, nahm ich Euch bei der
85 türkischen Honigverkäuferin ab. Wie leicht hätte er gegen das eiserne Tischchen schlagen und Euch verraten können!"

„Und wie war das mit dem Ohrring, Herr?"

Die Höflinge verwunderten sich, dass der Kalif
90 einen einfachen Bartscherer mit „Herr" anredete.

Der junge Bursche aber sagte: „Den Ohrring, o großer Kalif, musste ich Euch beim Kirschenbaum abnehmen, sonst wäret Ihr damit an einem Zweig hängen geblieben und hättet Euch das Ohr-
95 läppchen aufgerissen."

Nach diesen Worten schüttelten die Höflinge verwundert ihre Köpfe.

Harun al Raschid aber stand auf, nahm dem Bartscherer eigenhändig die Fesseln ab und sagte: „Da
100 Ihr dies alles aus Sorge um mein Wohlergehen getan habt, sollt Ihr frei sein, Meister. Aber verratet mir doch eines: Wie kommt es, dass ich Euch nicht gesehen habe?"

„Ich ging in Eurem Schatten, o Herr. So hat man
105 mich gelehrt zu tun. Denn auch unser Gewerbe will erlernt sein, und es bedarf langer Übung, ehe man es zur Meisterschaft bringt."

„Da ich Euch in jener Nacht weder gehört noch gesehen habe, so seid Ihr wahrhaftig ein Meister –
110 Barbier!", rief der Kalif mit einem Seitenblick auf seine Höflinge. „So geht denn heim und nehmt meine Kostbarkeiten als Geschenke mit. Hütet aber Eure Zunge, und nährt Euch künftig vom Bartscheren allein. Wenn mir jedoch Eure Kunst
115 einmal von Nutzen sein könnte, so werde ich mich Euer erinnern. Allah sei mit Euch!"

„Allah segne Harun al Raschid, den Beherrscher aller Gläubigen!", antwortete der junge Bartscherer mit einer tiefen Verbeugung. Dann verließ er
120 ungehindert den Palast und nahm Ring, Dolch und Ohrring des Kalifen mit sich.

Die Höflinge fragten verwundert: „Warum, o großer Kalif, erzeigt Ihr einem diebischen Bartscherer solche Ehren?"

125 „Weil ein Dieb nicht Richter über einen Dieb sein kann", sagte der Kalif. „Und weil er Talente besitzt, die mich erstaunen machen."

2 Die Einteilung in Sinnabschnitte ist bei langen Texten besonders wichtig, da du dich bei der Bearbeitung des Textes dann auf die betreffenden Abschnitte konzentrieren kannst.
Gliedere deshalb den Text in 8 Sinnabschnitte. Trenne die einzelnen Abschnitte durch Linien voneinander.

Tipp An welchen Textstellen beginnt etwas Neues?

3 Vervollständige die Übersicht. Welche Zeilen (Zeile = Z.) umfassen die einzelnen Abschnitte? Nutze dafür die Zeilennummerierung am linken Textrand.

Abschnittseinteilung

1. Abschnitt: Z. _1_ – Z. _22_   5. Abschnitt: Z. ___ – Z. ___

2. Abschnitt: Z. _23_ – Z. ___   6. Abschnitt: Z. ___ – Z. ___

3. Abschnitt: Z. ___ – Z. ___   7. Abschnitt: Z. ___ – Z. ___

4. Abschnitt: Z. ___ – Z. ___   8. Abschnitt: Z. ___ – Z. ___

4 Stelle mithilfe der Unterstreichungen Informationen zur *Ausgangssituation* (Z. 1-7) in Stichworten zusammen. Denke dabei an die wichtigen W-Fragen (s. S. 28ff.)!

Wer? Kalif Harun al Raschid,

_____

5 Bearbeite nun den ersten Abschnitt: Wie schafft es der Kalif, auch ohne Geld Kastanien zu bekommen? Unterstreiche die entsprechenden Textstellen und schreibe Stichworte heraus.

_____

_____

6 Wie gelingt es dem Kalifen, die Honigverkäuferin abzulenken (Abschnitt 2)? Unterstreiche die entsprechenden Textstellen und schreibe Stichworte heraus.

_____

_____

7 Wie gelangt der Kalif an Kirschen (Abschnitt 3)? Unterstreiche die entsprechenden Textstellen und schreibe Stichworte heraus.

_____

_____

8 Welche Begründungen nennt der Bartscherer dafür, dass er dem Kalifen Ring, Dolch und Ohrring gestohlen hat (Abschnitt 6)? Unterstreiche im Text und schreibe Stichworte heraus.
Diebstahl des Ringes:

_____

_____

Diebstahl des Dolches: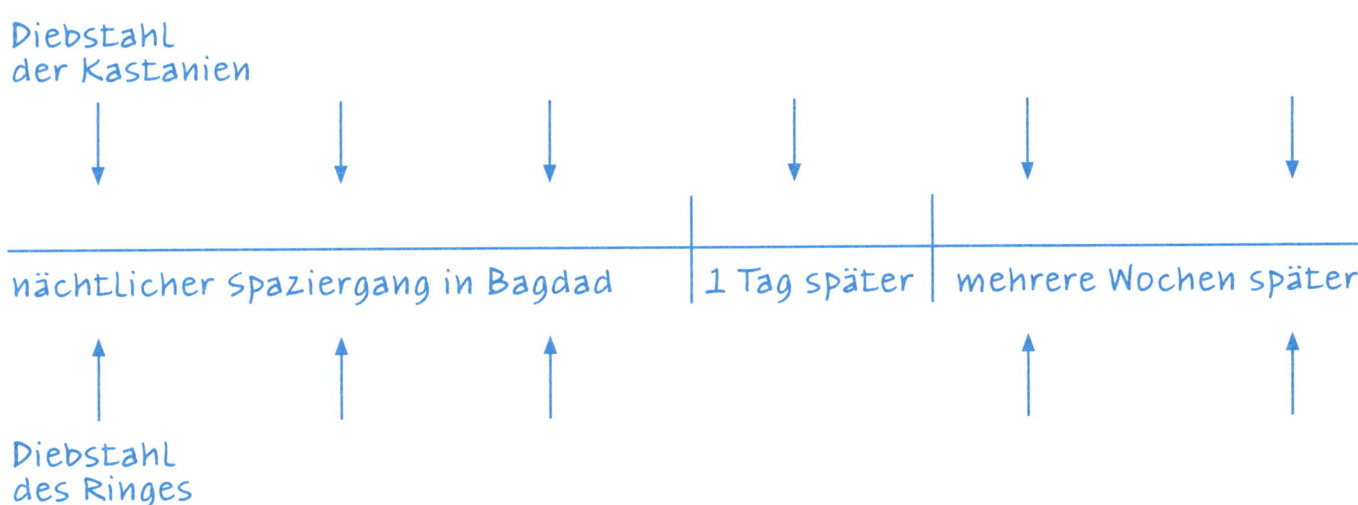

Diebstahl des Ohrrings:

9 Vervollständige den Zeitstrahl, indem du mit wenigen Schlüsselwörtern die Handlung notierst.

Kalif

Diebstahl
der Kastanien

nächtlicher Spaziergang in Bagdad | 1 Tag später | mehrere Wochen später

Diebstahl
des Ringes

Bartscherer

10 Fasse die Handlung mithilfe des Zeitstrahls in wenigen Sätzen zusammen und berücksichtige dabei auch die Erklärungen des Bartscherers.

Der Kalif geht verkleidet

11 Lies dir noch einmal den letzten Abschnitt (Z. 122–127) durch. Was hat den Kalifen wohl am meisten beeindruckt? Begründe deine Meinung.

12 Warum beschenkt der Kalif den Bartscherer so großzügig? Schreibe Stichworte auf.

13 Der Geschichtenerzähler hat im ersten Teil der Geschichte mehrere Sätze fast wortwörtlich wiederholt. Unterstreiche sie im Text.

14 Welche Begründungen treffen deiner Meinung nach dafür zu? Kreuze an.

   a) Der Geschichtenerzähler kann sich die Geschichte dadurch viel besser merken. ☐

   b) Der Zuhörer bemerkt, dass die drei Situationen sehr ähnlich sind. ☐

   c) Der Geschichtenerzähler will die Zuhörer damit ermüden. ☐

   d) Der Geschichtenerzähler betont damit, dass die verlorenen Gegenstände wertvoll waren. ☐

   e) Der Zuhörer erkennt daran, dass der Geschichtenerzähler ein Märchen erzählt. ☐

15 *Partnerarbeit:* Versucht euch einmal selbst als Geschichtenerzähler und erzählt euch gegenseitig mithilfe der Stichworte die Geschichte vom Kalifen und dem Bartscherer.

Literarische Texte verstehend lesen

Teil 1: Kreuze an, welche Aussagen zutreffen.

1 Wichtige *Informationen* kann man einem Text *entnehmen,*

a) indem man den Text sorgfältig – am besten mehrmals – liest. ☐

b) indem man die W-Fragen stellt und beantwortet. ☐

c) indem man ihn in Abschnitte einteilt. ☐

d) indem man Kernaussagen unterstreicht. ☐

Punktzahl: _____ (4)

2 Das Einteilen eines Textes in *Sinnabschnitte*

a) lohnt sich nicht immer, da es viel Zeit kostet. ☐

b) ist dann einfacher, wenn man darauf achtet, wann etwas Neues passiert. ☐

c) ist gerade bei langen Texten sinnvoll, weil man den Text dadurch in kleinere „Portionen" teilt. ☐

d) ist nur sinnvoll, wenn man jedem Abschnitt auch eine passende Überschrift gibt. ☐

Punktzahl: _____ (4)

3 Das *Unterstreichen* von Textstellen

a) sollte sich immer nach der Aufgabenstellung richten. ☐

b) kann ruhig großzügig erfolgen, da man sehr wichtige Textstellen noch einmal kennzeichnen kann. ☐

c) ist übersichtlich, wenn man für unterschiedliche Aufgaben auch unterschiedliche Farben wählt. ☐

d) hilft, den Überblick zu behalten. ☐

Punktzahl: _____ (4)

4 Das Notieren von *Stichworten* aus einem Text

a) ist eine wichtige Hilfe bei der Bearbeitung von Fragen zu einem Text. ☐

b) macht das Einteilen von Abschnitten überflüssig. ☐

c) ist nur sinnvoll, wenn die Stichworte sehr ausführlich sind. ☐

d) erleichtert das Formulieren von Antworten mit eigenen Worten. ☐

Punktzahl: _____ (4)

Summe Teil 1: _____ (16)

Teil 2

1 Lies dir den folgenden Schildbürgerstreich durch.

Die versunkene Glocke
Erich Kästner

Mittlerweile war der Krieg, an Salzburg und Salzwedel vorbei, durchs Land gezogen und schien sich in bedenklicher Weise dem Städtchen Schilda zu nähern. Das erfüllte die Schildbürger und ihre Ratsherren mit großer Sorge. Denn [...] es war immer dasselbe: Die Soldaten gingen in die Häuser und
5 nahmen sich, zur Erinnerung [...], mit, was sie fanden [...]. Ihnen war alles recht. So versteckten die Schildbürger geschwind, was ihnen teuer und wert war. Nur mit der Kirchenglocke wussten sie nichts anzufangen. Sie war aus bester Bronze und ziemlich groß. Und man kannte damals schon die Vorliebe der Kriegsleute für Kirchenglocken. [...]
10 Nun lag aber ganz in der Nähe von Schilda ein stiller, tiefer See. Und der Bürgermeister sagte: „Ich hab's. Wir versenken die Glocke im See, und wenn der Krieg vorbei ist, holen wir sie wieder heraus." Gesagt, getan. Sie holten die Glocke aus dem Kirchturm, hoben sie auf einen Wagen, spannten sechs Pferde davor, fuhren zum See hinaus, trugen sie schwitzend in ein Boot und
15 ruderten ein Stückchen. Dann rollten sie die Glocke bis zum Bootsrand und warfen sie ins Wasser. Schon war sie verschwunden, denn sie wog zwanzig Zentner. Man sah nur noch ein paar Luftblasen aufsteigen. Das war alles. Anschließend zog der Schmied sein Taschenmesser aus der Joppe[1] und schnitt in den Bootsrand eine tiefe Kerbe. „Warum tust du das?", fragte
20 ihn der Bäcker. „Damit wir nach dem Krieg wissen, wo wir die Glocke ins Wasser geworfen haben", antwortete der Schmied. „Sonst fänden wir sie am Ende nicht wieder." Sie bewunderten seine Vorsorge, lobten ihn, bis er rot wurde, und ruderten ans Land zurück.
Nun, der Krieg machte zum Glück einen großen Bogen um Schilda. [...]
25 Man sah nur am Horizont den Staub, den Heer und Tross aufwirbelten. Niemand drang in die Häuser. Die Löffel, Uhren, Teller und Ringe wurden wieder aus den Verstecken hervorgeholt. Und man fuhr mit dem Boot auf den See hinaus, um jetzt auch die Glocke zu heben. „Hier muss sie liegen!", rief der Schmied und zeigte auf seine Kerbe am Bootsrand. „Nein, hier!", rief
30 der Bäcker, während sie weiterruderten. „Nein, hier!", rief der Bürgermeister. „Nein, hier!", rief der Schuster. Wohin sie auch ruderten, überall hätte die Glocke liegen müssen. Denn die Kerbe am Boot war ja überall dort, wo gerade das Boot war. Mit der Zeit merkten sie, dass der Einfall des Schmieds gar nicht so gut gewesen war, wie sie seinerzeit geglaubt hatten. Sie fanden
35 also ihre Glocke nicht wieder, so sehr sie auch suchten, und mussten sich notgedrungen für teures Geld eine neue gießen lassen.
Der Bäcker aber schlich sich eines Nachts heimlich zu dem Boot und schnitt wütend die Kerbe heraus. Dadurch wurde sie freilich nur noch größer als vorher. Mit Kerben ist das so.

[1]Joppe = Jacke

2 Richtig oder falsch? Entscheide, welche Aussagen zutreffen.

a) Die Kirchenglocke war aus fester Bronze. ☐

b) Die Schildbürger trugen die Kirchenglocke zum See hinaus. ☐

c) Die Kirchenglocke ging sofort unter. ☐

d) Der Schmied markierte die Stelle am Bootsrand. ☐

e) Die Schildbürger merkten schnell, dass die Kerbe keine Hilfe war. ☐

f) Der Bäcker versuchte, die Kerbe aus dem Boot zu schneiden. ☐

Punktzahl: _____ (6)

3 Welche Erklärung trifft zu?

Der Bäcker konnte die Kerbe nicht aus dem Boot herausschneiden, weil eine *Kerbe* …

a) ein Spalt ist. ☐   b) ein kleines Loch ist. ☐   c) ein Markierungs-Kreuz ist. ☐   Punktzahl: _____ (3)

4 Gliedere den Text in Abschnitte. Wie viele sind es? Kreuze an.

Anzahl der Abschnitte: 3 ☐   4 ☐   5 ☐   6 ☐   Punktzahl: _____ (4)

5 Treffen die folgenden Überschriften den Kerngedanken eines Abschnittes? Falls ja, trage die entsprechende Nummer des Abschnittes ein.

Überschrift	passt zu keinem Abschnitt	passt zu Abschnitt Nr.
a) Die gute Idee des Bäckers	☐	_____
b) Der Bürgermeister weiß Rat	☐	_____
c) Der „kluge" Schmied	☐	_____
d) Einmal Kerbe, immer Kerbe	☐	_____

Punktzahl: _____ (4)

6 Welche Erklärung trifft zu? Die Schildbürger hätten …

a) die Glocke gar nicht wiederfinden können. ☐

b) die Glocke wiedergefunden, wenn sie sich die Stelle im See gemerkt hätten. ☐   Punktzahl: _____ (2)

Begründung:

_____

_____

7 Warum wollte der Bäcker die Kerbe aus dem Boot schneiden?

a) Er war wütend, dass der Schmied sein Boot beschädigt hat. ☐

b) Er war wütend, weil die Kerbe nicht seine Idee gewesen ist. ☐

c) Er war wütend, weil sie wegen der Kerbe die Glocke nicht wiedergefunden haben. ☐   Punktzahl: _____ (3)

Auswertung

38 – 26 Punkte: Herzlichen Glückwunsch!
Du hast ein gutes Ergebnis erreicht.!

25 – 13 Punkte: Schon ganz gut,
aber du solltest dich noch verbessern. Wiederhole die Übungseinheiten, bei denen dir Punkte fehlen. Du kannst die Texte dieses Kapitels auch für eigene Aufgabenstellungen nutzen und dich so trainieren.

12 – 0 Punkte: Schade …,
aber Du kannst es bestimmt besser, wenn du die Aufgaben am besten mit einer Freundin/einem Freund durcharbeitest. Konzentriere dich besonders bei Multiple-Choice-Aufgaben (s. S. 8f.), denn da heißt es, genau lesen und gut überlegen!

Summe Teil 2: _____ (22)

Summe Teil 1: _____ (16)

Gesamt: _____ (38)

Nicht lineare Sachtexte

Orientierendes und intensives Lesen

Was sind Sach- und Gebrauchstexte?

Ein Sachtext hat vor allem die Aufgabe, allgemein über einen beliebigen Sachinhalt zu informieren.
Eine besondere Gruppe der Sachtexte sind die sogenannten Gebrauchstexte (z. B. Bedienungsanleitung, Kuchenrezept, Kinoplakat, Spielanleitung ...). Sie unterscheiden sich von den Sachtexten vor allem dadurch, dass sie für den ganz normalen Alltag bestimmt und häufig nicht als Fließtext (wie in einem Buch) gestaltet sind. Solche meist kurzen Gebrauchstexte begegnen dir im Alltag in vielfältiger Form und können viele unterschiedliche Informationen enthalten. Auch Abkürzungen sind häufig. Deshalb ist es wichtig, diese Texte genau zu lesen, damit du auch wirklich alle Informationen herausliest und z. B. weißt, nach welchen Regeln ein Spiel gespielt werden soll oder wie viel Mehl in einen Kuchenteig kommt.

1 Kreuze an, bei welchen Texten es sich um einen Gebrauchstext handelt.

Text im Geschichtsbuch	☐	Frühlingsgedicht	☐
Märchen	☐	Fahrplan	☐
Fernsehprogramm	☐	Bastelanleitung	☐
Kochrezept	☐	Comic	☐

2 Gebrauchstexte sind sehr vielfältig und können sich in ihrer speziellen Funktion unterscheiden. Welche unterschiedlichen Aufgaben haben folgende Gebrauchstexte?

Gebrauchstext	Aufgabe
Werbeplakat, z. B. für ein neues Handy	→ informiert über
Bedienungsanleitung, z. B. für ein Handy	→ informiert darüber,
Telefonbuch	→ informiert über

Telefonbucheinträge: Informationen zuordnen

Ein Telefonbuch kann auf den ersten Blick sehr verwirren, da es auf jeder Seite eine Fülle von meist klein gedruckten Informationen enthält. Einfacher wird die Suche nach einer Telefonnummer, wenn man weiß, dass die Einträge *alphabetisch* aufgelistet sind und der Anordnung z.B. in einem Wörterbuch entsprechen.

1 Betrachte den Eintrag aus einem Telefonbuch. Welche Informationen erhältst du?

Hauptmann   Gerd   Am Kirchplatz 25   92 78 93

Nachname   _____

Nicht lineare Sachtexte

2 Häufig sind aber auch folgende Einträge. Was bedeutet der Bindestrich?

Hauptmann Gerd	Am Kirchplatz 25	92 78 93
- Thomas	Dorf- 6	42 57 01

steht für _____   *ersetzt das Wort „Straße"*

3 Suche den Eintrag von Katrin Hecht. Welche zusätzliche Information erhältst du?

_____

Hausmann		
Heizung • Sanitär • Elektro	Rohr- 10	43 00 33
Hausmann Bernd	Tulpenweg 9	45 22 91
- Gerhard	Tulpenweg 7	45 23 91
- Wilhelm	Haupt- 10B	18 66 45
- Wilhelm u. Tanja	Haupt- 10A	18 19 82
Hawighorst H.	Eichendorff- 5	15 82 52
Hawighorster See Campingplatz	See- 1	98 50 98
Hebbe Dirk	An den Teichen 39	98 19 92
- Frieda	Breiter Weg 8	4 51 09
HEBER Autoteile		
Reifen, Zweiradteile	Bruch- 2	82 09 20
Hebel Marita	Am Wasserwerk 3	84 18 09
Hebisch Hans-Peter	Wilhelm-Busch- 12	40 20 67
- Oskar Fahrräder	Brunnen- 10	50 30 74
	Priv. Sonnenweg 7	66 24 47
Hecht Carmen u. Schmidt Klaus	Am Rathaus 1	42 55 85
- Karin	Rosenweg 13	45 19 62
- Katrin Sportlehrerin	Wiesenaue 8	66 74 11
		01 71/2 34 35 68
Hecke Friedrich von	Schlossallee 1	95 89 00
Heckel Andreas	Zum Südhang 3	82 88 83
- Dieter	Bahnhof- 5	84 24 91
Heckmann Hans	Am Turm 26	78 25 69
- Susanne	Land- 32	94 66 31
Hegel Horst	Dichterweg 24	78 13 16
- Ella-Marie	Richter- 24	95 89 23
Hegemann Andre	Fliederweg 57	92 13 08
- Anne	Schul- 10	01 76/2 01 53 44
- Erna	Mühlen- 105	36 17 59
- Eric u. Petra	Am Sportplatz 12	92 57 07
- Frank u. Nicole	Sonnenweg 90	95 21 06
- Fritz	Nordhang 19	97 64 25
Heggemann Günter	Kamp-	53 27 69
- Gustav	Altes Stadttor 26	34 72 08
- Hanne	Schul- 12	78 10 37
- Hans-Karl Landwirt	Weide- 53	36 43 37
- Jürgen Reitschule	Eselweg 29	37 56 29
Hegmann Lina	Am Wald 64	78 50 01
- Lukas Zoohandlung	Brunnen- 8	92 99 90
- Richard u. Karla	Wiesengrund 34	66 61 28
- Ruth	Friedhofsallee 68	41 72 22
Hellmann Joachim Dr. Zahnarzt	Am Kirchplatz 10	42 00 42
		Fax 42 01

Nicht lineare Sachtexte

4 Du möchtest in der Zoohandlung von Lukas Hegmann anrufen. Wie kannst du vorgehen, um die Telefonnummer schnell im Telefonbuch zu finden?
Eine Möglichkeit zeigen dir die Arbeitsschritte, wenn du sie in eine sinnvolle Reihenfolge gebracht hast. Nummeriere sie dazu und trage die Nummer in die linken
Leerzeilen ein.

_____ Ablesen der Telefonnummer von Lukas Hegmann.

_____ Genaues Lesen der Einträge Hegm-.

_____ Genaues Lesen der Vornamen mit dem Anfangsbuchstaben L- bis zu Lukas.

_____ Überfliegen der Spalte He- bis zu den Nachnamen Hegm-.

___1___ Aufschlagen der Seite mit den Nachnamen, die mit He- beginnen.

_____ Falls mehrere Einträge Hegmann vorhanden sind, die Vornamen bis zum Anfangsbuchstaben L- überfliegen.

Die Telefonnummer der Zoohandlung von Lukas Hegmann lautet _____ .

5 Suche die Antworten heraus:

a) Welche Telefonnummer hat Dieter Heckel? _____

b) Wo wohnt Hans-Karl Heggemann? _____

c) Wo ist das Geschäft von Oskar Hebisch? _____

d) Wo wohnt er privat? _____

e) Wie heißt der Campingplatz des Ortes? _____

f) Wer hat eine Fax-Nummer? _____

g) Welche Telefonnummer haben Frank und Nicole Hegemann? _____

h) Wer hat die Telefonnummer 98 19 92? _____

i) Wer wohnt in der Landstr. 32? _____

6 Anne Hegemann bekommt manchmal versehentlich Briefe zugestellt, die an eine
Nachbarin gerichtet sind. Da die beiden sich aber gut verstehen, nutzen sie die Gele-
genheit gerne für eine Kaffeepause. Wie heißt die nette Nachbarin? Wieso kommt es
zu der Verwechslung?

_____

_____

topfit Deutsch – Lesekompetenz 1 © 2007 Oldenbourg Schulbuchverlag

7 Löse die folgenden Suchaufgaben möglichst schnell! Ihr könnt auch zu zweit arbeiten
und einen kleinen Wettkampf austragen! Wer findet schneller die richtige Lösung?

a) Welche beiden Familien haben fast identische Telefonnummern?

_____

b) Welcher Teilnehmer hat in seiner Telefonnummer viermal die Zahl 8?

_____

c) Welcher Teilnehmer hat eine Telefonnummer, in der die Zahlen 5, 6, 7, 8 und 9 vorkommen?

_____

8 Welche Suchaufgaben fallen dir selbst ein? Notiere mindestens zwei und stelle sie
einer Mitschülerin oder einem Mitschüler.

_____

_____

_____

Tabellen und Informationszettel lesen, Fußnoten zuordnen und verstehen

Auch Tabellen sind Gebrauchstexte. Sie enthalten Informationen in Stichworten oder
stellen sie in Übersichten dar, wie du es z. B. von einem Stundenplan her kennst.
Solche Übersichten können auch Fußnoten enthalten, die an anderer Stelle (z. B.
am unteren Seitenrand) weitere wichtige Informationen ergänzen. Häufig sind diese
Fußnoten in einer kleineren Schrift geschrieben und können deshalb schnell überlesen werden.

1 Welche Informationen muss ein Stundenplan enthalten? Vervollständige den Cluster.

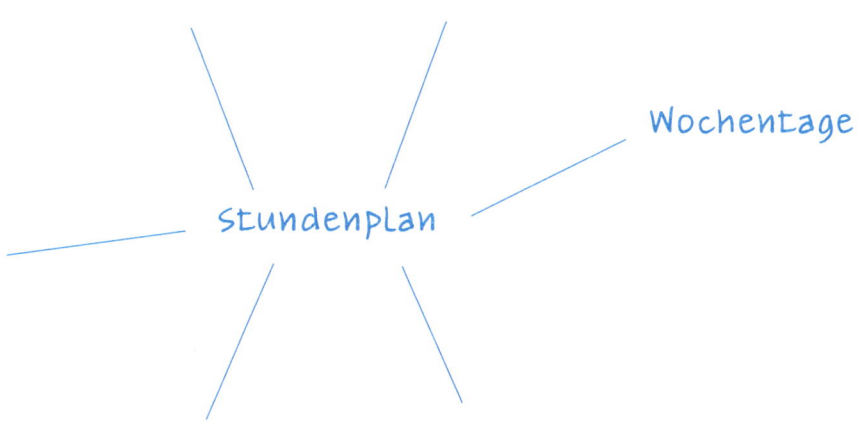

Nicht lineare Sachtexte

2 Zu Beginn des Schuljahres wird folgende Übersicht an einer Schule verteilt.
Überfliege zunächst diese Übersicht.

AG-Angebote

AG	Raum	Klassen	Uhrzeit	Mo	Di	Mi	Do	Fr
Hausaufgabenhilfe: Ältere Schüler helfen Schülern	A 305	5 - 7	15.15 - 16.45	X		X	X	
Backen: Kuchen, Pizza und noch mehr*°	Küche	5 - 6	13.30 - 15.15					X
Wir kochen leckere Gerichte*°	Küche	7 - 8	13.30 - 15.15		X			
Gitarre*	Musikraum	5 - 8	15.15 - 16.00	X				
Chor I	Aula	5 - 6	15.15 - 16.45				X	
Chor II	Aula	7 - 10	15.15 - 16.45	X				
Tanz I	Turnhalle	5 – 6	15.15 - 16.00			X		
Tanz II	Turnhalle	7 – 10	15.15 - 16.00				X	
Fußball	Sportplatz	5 – 8	13.30 - 15.15		X			
Basteln*°	Werkraum	5 – 8	13.30 - 15.15					X
Technik*	Technikraum	7 – 10	15.15 - 16.45			X		
Informatik I*	Computerraum	5 – 7	13.30 - 15.15		X			
Informatik II*	Computerraum	8 – 10	13.30 - 15.15					X

*Achtung: Teilnehmerzahl auf 15 begrenzt!
°Es wird ein kleiner Unkostenbeitrag erhoben!

topfit Deutsch – Lesekompetenz 1 © 2007 Oldenbourg Schulbuchverlag

Nicht lineare Sachtexte

3 Worüber informiert diese Übersicht? Kreuze Zutreffendes an.
Die Übersicht informiert darüber,

    a) welche verschiedenen AGs an der Schule angeboten werden.   ☐

    b) wann die AGs stattfinden.   ☐

    c) welche Vorkenntnisse wichtig sind.   ☐

    d) wer die AG leitet.   ☐

    e) welche Jahrgangsstufen an der AG teilnehmen können.   ☐

    f) wo die AG stattfindet.   ☐

4 Diese Übersicht enthält Fußnoten. Auf die eine Fußnote weist der Stern (*) hin.

    Wie wird die zweite Fußnote gekennzeichnet? _____

5 **Intensives Lesen der Übersicht**: Formuliere mit eigenen Worten, welche Zusatz-
informationen die Fußnoten geben. Trage dazu das Zeichen der Fußnote in die
Klammer ein.

    Fußnote (   ): _____

    _____

    Fußnote (   ): _____

    _____

6 Markiere die AG-Angebote, die sich an die Schülerinnen und Schüler der Jahrgangsstufen 5 und 6 richten.

7 Schreibe die AG-Angebote für die Jahrgänge 5/6 heraus, die eine begrenzte Teilnehmerzahl haben.

    _____

    _____

8 Ein Schüler des 8. Jahrgangs ist an Technik sehr interessiert, möchte aber auch gerne
an der AG *Gitarre* teilnehmen, weil er in einer Band spielen möchte.

    Ist das möglich?   Ja ☐   Nein ☐

    Begründe deine Antwort:

    _____

    _____

9 Alica (5. Klasse) und ihre Freundin Sophie (7. Klasse) tanzen in jeder freien Minute
und hoffen, gemeinsam die Tanz-AG belegen zu können. Lies in der Übersicht nach,
ob es möglich ist. Begründe deine Antwort.

    _____

    _____

10 Lisa (7. Klasse) möchte die AG *Fußball* und die AG *Informatik* wählen. Was ist aber
das Problem?

_____

_____

11 Mit der Übersicht erhalten die Schülerinnen und Schüler noch folgendes Informati-
onsschreiben mit einem Wahlzettel. Überfliege zunächst nur den oberen Abschnitt.

Wichtige Informationen für die AG-Wahlen!

Falls sich für eine AG mit begrenzter Teilnehmerzahl zu viele Schüler anmelden, entscheidet das Los.
Tragt deshalb auf dem Wahlzettel unbedingt noch einen zweiten AG-Wunsch ein!

Wahlzettel bitte abtrennen und in den Kasten vor dem Sekretariat einwerfen!

Letzter Abgabetermin des Wahlzettels: Mittwoch, 29.08.20… – 2. große Pause

Aushang der AG-Zuweisungen: Freitag, 31.08.20…

Die AGs beginnen ab Montag, 03.09.20…

- -

Wahlzettel

Vor- und Nachname: _____ Klasse: _____

Meine AG-Wünsche: 1. _____

2. _____

☐ Ich bin bereit, bei einer kostenpflichtigen AG einen Unkostenbeitrag zu zahlen.*

_____
Datum und Unterschrift

* Bitte **unbedingt** ankreuzen bei der Wahl einer kostenpflichtigen AG, sonst ist keine Teilnahme möglich.

---

12 Achte zunächst auf die *äußere Gestaltung*: Welche Informationen werden z. B. durch
Einrückung oder Fettdruck besonders hervorgehoben?

_____

13 **Intensives Lesen der Informationen:** Wann wird ausgelost, wer an einer AG
teilnehmen darf?

_____

_____

14 Wann ist der letzte Abgabetermin des Wahlzettels? _____

15 Wo muss man den Wahlzettel abgeben? _____

16 In jedem Schuljahr gibt es zahlreiche Wahlzettel, die für die AGs Kochen, Backen
und Basteln nicht in die Auslosung kommen, weil die Schülerinnen und Schüler den
Wahlzettel nicht vollständig ausgefüllt haben. Welche wichtige Bedingung haben sie
überlesen?

17 Formuliere einen Vorschlag: Wie könnte man den Zettel noch besser gestalten, damit
dieser Fehler nicht mehr passiert? Schreibe deinen Vorschlag in den Wahlzettel hinein.

18 Welche AGs möchtest du wählen? Fülle für dich den Wahlzettel aus und denke dabei
an die vollständigen Angaben.

Diagramme lesen und auswerten

Mithilfe von Diagrammen kann man Zahlenwerte sehr anschaulich darstellen und sie
dadurch schnell ablesen und vergleichen. Häufig zu finden sind **Säulen**- oder **Bal-
kendiagramme**.

Ein **Säulendiagramm** hat einzelne Ergebnissäulen:

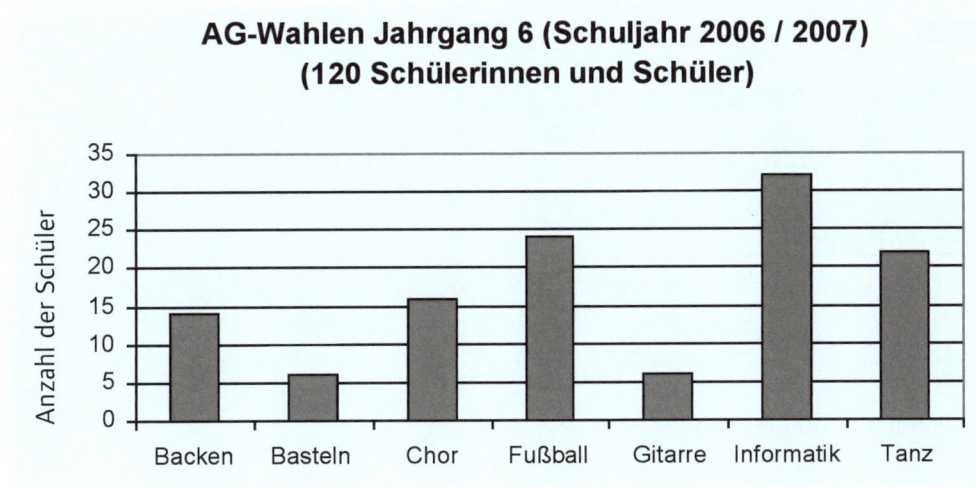

1 Orientiere dich an dem Titel: Worüber informiert das Diagramm?

2 Intensives Lesen: Welche Zahlenwerte stehen links auf der senkrechten Achse
(Y-Achse)?

3 Worüber informiert die waagerechte Achse (X-Achse)?

4 Betrachte die einzelnen Säulen.
Welche Information kann man jeder einzelnen Säule entnehmen?

_____

_____

5 Werte das Säulendiagramm aus. Schreibe die beliebtesten AGs heraus.

Platz 1: _AG Informatik_

Platz 2: _____

Platz 3: _____

6 Wie viele Schüler haben die folgenden AGs gewählt? Um die Zahl zu ermitteln, lege ein Lineal waagerecht an der jeweiligen oberen Säulenkante an und lese die Zahl auf der Y-Achse ab.

AG Informatik: _32 Schüler_   AG Backen: _____ Schüler   AG Chor: _____ Schüler

Ein **Balkendiagramm** macht Zahlenwerte als quer liegende Balken vergleichbar:

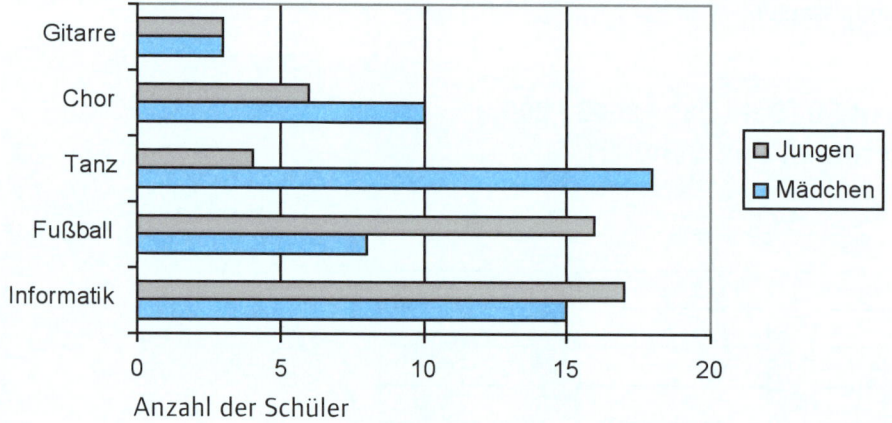

7 Beschreibe nach dem ersten Blick: Worüber informiert das Diagramm?

_____

8 **Intensives Lesen des Balkendiagramms:** Erkläre, was die verschiedenen Farben bedeuten.

grau _____   blau _____

9 Vergleiche das Balkendiagramm mit dem Säulendiagramm (S. 69, Aufgabe 1). Welche zusätzliche Information kannst du dem Balkendiagramm entnehmen?

_____

_____

topfit Deutsch – Lesekompetenz 1 © 2007 Oldenbourg Schulbuchverlag

10 Wie viele Jungen und Mädchen haben die folgenden AGs gewählt? Um die Zahl zu ermitteln, lege ein Lineal senkrecht an der äußeren Kante des jeweiligen Balkens an und lies die Zahl auf der X-Achse ab.

	Jungen	Mädchen
a) AG Chor	6	_____
b) AG Tanz	_____	_____
c) AG Fußball	_____	_____

11 Werte das Balkendiagramm aus. Kreuze zutreffende Aussagen an.

a) An der AG Fußball sind doppelt so viele Jungen wie Mädchen interessiert. ☐

b) An der AG Chor wollen 10 Mädchen mehr als Jungen teilnehmen. ☐

c) Die AG Informatik ist bei Jungen und Mädchen sehr beliebt. ☐

d) Die AG Gitarre möchten gleich viel Jungen wie Mädchen belegen. ☐

12 Eine Umfrage in der Klasse 6b nach dem Lieblingsfach der einzelnen Schülerinnen und Schüler ergab folgendes Ergebnis:

Fach	Anzahl der Schüler
Deutsch	5
Mathematik	6
Englisch	5
Sport	10
Kunst	4

Stelle das Ergebnis dieser Umfrage als Säulendiagramm dar.
Was trägst du auf der x-Achse ein?

13 Welches Ergebnis kommt in deiner Klasse heraus? Führe diese Umfrage durch und stelle das Ergebnis als Säulen- oder Balkendiagramm dar.

Fahrpläne richtig lesen

Zu Gebrauchstexten zählen auch Fahrpläne, wie du sie z. B. an jeder Bushaltestelle finden kannst. Häufig enthalten sie Abkürzungen oder Zeichen, auf die man besonders achten muss. Hier gilt es, unbedingt genau zu lesen, um einen Bus oder Zug nicht zu verpassen.

Busfahrpläne

1 Orientierendes Lesen: Verschaffe dir zunächst einen Überblick über den Aufbau dieses Fahrplans.
- Wo findest du die Namen der Haltestellen?
- Wo stehen die jeweiligen Abfahrtzeiten?

Buslinie 1	Fahrplan					
Haltestellen	**Montag – Freitag ⑨**					
Hauptbahnhof	731	751	811	Alle 20 Min	2031
Altstadt	735	755	815		2035
Dom	738	758	818		2038
Schulzentrum	743	803	823		2043
Sportplatz	748	808	828		2048
Zoo	754	814	834		2054

⑨ an Schultagen

2 Intensives Lesen: Lies dir den Fahrplan genau durch: Was bedeutet ⑨?

_____

_____

3 Kreuze die zutreffenden Aussagen an.

a) Der Fahrplan informiert darüber, wann die Buslinie 1 von montags bis freitags fährt. ☐

b) Der Bus fährt nur morgens und noch einmal am Abend. ☐

c) Die Buslinien 731, 751 und 811 fahren vom Hauptbahnhof zum Zoo. ☐

d) In der linken Spalte stehen die einzelnen Haltestellen, an denen der Bus hält. ☐

e) Die Zahlen bedeuten die Uhrzeit (also 731 heißt: 7 Uhr 31). ☐

f) Der Bus fährt bis 20 Uhr 31 alle 20 Minuten. ☐

g) Die Endstation der Buslinie ist der Zoo. ☐

4 Verfolge auf dem Fahrplan die Fahrstrecke des ersten Busses (siehe Pfeile). Er fährt um 7 Uhr 31 am Hauptbahnhof ab. Um 7 Uhr 35 erreicht er bereits die Haltestelle Altstadt.

Wann kommt er am Schulzentrum an? _____

5 Wie lange dauert eine Fahrt vom Hauptbahnhof bis zum Zoo? Lies dazu im Fahrplan
nach, wann ein Bus am Hauptbahnhof abfährt und am Zoo ankommt.

_____

6 Wie lange fährt der Bus von der Altstadt bis zum Sportplatz?

_____

7 Frau Müller kommt mit dem Zug um 8 Uhr 12 am Hauptbahnhof an und möchte sich
mit ihrer Freundin am Dom treffen.
Wann fährt der nächste Bus dorthin? _____

8 Vergleiche den Fahrplan der Buslinie 1 vom Samstag mit dem von Montag bis Freitag.

Buslinie 1			**Fahrplan**					
Haltestellen			**Samstag**					
Hauptbahnhof	835	Alle 30 Min	1005	1031	1051	1111	Alle 20 Min	2031
Altstadt	839		1009	1035	1055	1115		2035
Dom	842		1012	1038	1058	1118		2038
Schulzentrum	847		1017	1043	1103	1123		2043
Sportplatz	852		1022	1048	1108	1128		2048
Zoo	858		1028	1054	1114	1134		2054

Auf welche Veränderungen müssen sich die Fahrgäste am Samstag einstellen?

_____

_____

_____

9 Du möchtest dich mit deinen Freunden am Samstag um 11.00 Uhr am Hauptbahnhof
treffen und in den Zoo fahren. Lies den Fahrplan. Wann fährt der nächste Bus und
wann kommt ihr am Zoo an?

Abfahrt Hauptbahnhof: _____   Ankunft Zoo: _____

10 Leider hat ein Freund samstags bis 11.30 Uhr ein wichtiges Fußballtraining. Könnte
er an der Haltestelle Sportplatz euren Bus noch erreichen? Lies im Fahrplan nach,
wann der Bus an dieser Haltestelle ankommt und begründe deine Antwort.

_____

_____

11 Zum Abschluss des Ausfluges habt ihr euch um 17.30 Uhr mit euren Eltern in der Eisdiele an der Haltestelle *Schulzentrum* verabredet. Welchen Bus dürft ihr auf keinen Fall verpassen, um pünktlich zu sein?

Haltestellen			Samstag			
Zoo	959	Alle 20 Min	1619	1639	Alle 30 Min	2009
Sportplatz	1005		1625	1644		2014
Schulzentrum	1010		1630	1649		2019
Dom	1015		1635	1655		2025
Altstadt	1022		1642	1702		2032
Hauptbahnhof	1026		1646	1706		2036

Zugfahrpläne

Die Klasse 6b aus Osnabrück möchte an dem nächsten Wandertag ein Museum in Bremen besichtigen.
Der Wandertag ist für Freitag, den 23.11.07 festgelegt. Wenn es möglich ist, würden sie gerne mit dem Zug fahren. Damit sie ausreichend Zeit in Bremen haben, möchten sie gegen 7.30 Uhr in Osnabrück abfahren.
Felix und Tim erkundigen sich im Internet bei der Reiseauskunft der Bahn, ob es eine passende Zugverbindung gibt.

1 Suche im Text die entsprechenden Informationen heraus und fülle die Felder aus.

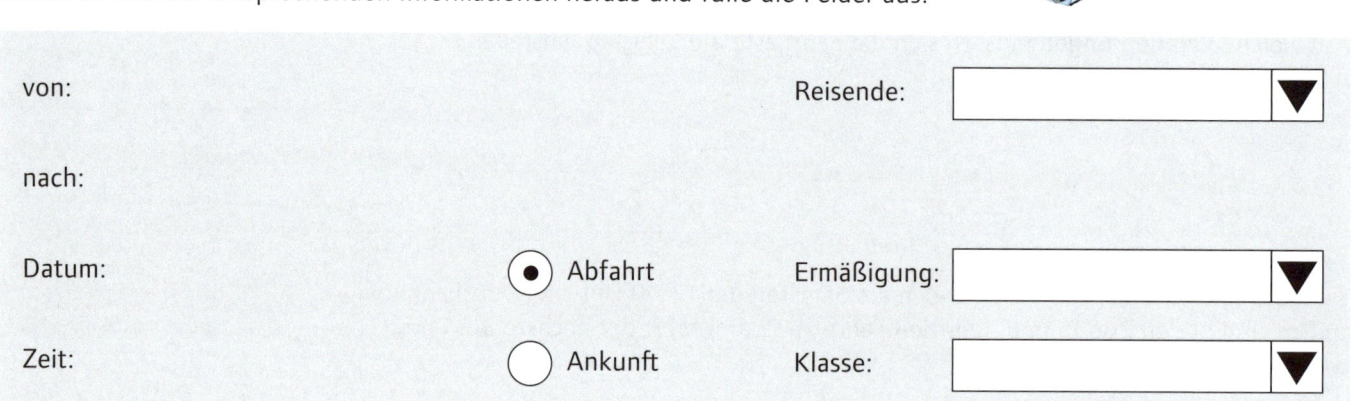

von: Reisende: ▼

nach:

Datum: ● Abfahrt   Ermäßigung: ▼

Zeit: ○ Ankunft   Klasse: ▼

Vorgeschlagen werden ihnen unter anderem diese beiden Zugverbindungen:

Zugverbindung 1:

Bahnhof/Haltestelle	Datum	Zeit	Gleis	Dauer	Umst.	Produkte	Bemerkungen	Preis
Osnabrück Hbf	Fr,	ab 07:38	3	1:12	0	RE	RegionalExpress Fahrradmitnahme begrenzt möglich	
Bremen Hbf	Fr,	an 08:50	5					

Nicht lineare Sachtexte

Zugverbindung 2:

Bahnhof/Haltestelle	Datum	Zeit	Gleis	Dauer	Umst.	Produkte	Bemerkungen	Preis
Osnabrück Hbf	Fr,	ab 08:23	1	0:52	0	ICE	InterCityExpress Bordbistro	
Bremen Hbf	Fr,	an 09:15	2					

2 Welche Auskunft erhältst du in der Spalte *Dauer*? _____

3 Was bedeutet die Abkürzung *Umst.*?

Um Sitzplatzreservierung wird gebeten ☐

Umsteigen (= Wie oft muss man umsteigen?) ☐

Umstellung (= Fahrplanumstellung ist zu erwarten) ☐

4 Lies dir die verschiedenen Angaben in der Spalte *Produkte* durch. Welche Information kannst du dieser Spalte entnehmen?

Zugtyp ☐   keine, nur Werbung ☐   Ausstattung des Zuges ☐

5 In der Tabelle stehen auch die Erklärungen der Abkürzungen. Suche sie jeweils heraus und trage sie neben der Abkürzung ein.

RE = _____

ICE = _____

6 In welchem Zug kann man sich sogar etwas zu essen oder zu trinken kaufen?

RE ☐   ICE ☐

7 Welchen Zug sollte man wählen, wenn man von Bremen aus eine Fahrradtour machen möchte?

RE ☐   ICE ☐

8 Von welchem Gleis fährt der RE ab? _____

9 Auf welchem Gleis kommt der ICE an? _____

10 Vergleiche nun die Angaben zu den beiden Zugverbindungen. Welchen Zug würdest du für den Wandertag empfehlen? Begründe deine Meinung.

_____

_____

_____

_____

Lineare Sachtexte

Orientierendes und intensives Lesen

1. Schritt: Antworten aus einem Text heraussuchen

1 **Orientierendes Lesen:** Überfliege den kurzen Sachtext und verschaffe dir einen ersten Überblick.

> Beuteltiere besitzen eine durch 2 Beutelknochen am Beckengürtel gestützte Hauttasche. In diesem Brutbeutel werden die unfertig geborenen Jungen zu Ende aufgezogen (Brutpflege).
> Beuteltiere waren einstmals über die ganze Erde verbreitet. Sie sind aber
> 5 nicht – wie früher vermutet – die Vorfahren der fortschrittlicher entwickelten Säugetiere. Heute gibt es noch 241 Arten, die von Maus- bis Menschengröße in den verschiedenartigsten Lebensräumen vorkommen. Sie leben in Südamerika und vor allem in Australien. Nur das baumbewohnende, katzengroße **Opossum** [...] ist nach Nordamerika eingewandert. Es liefert wertvolles
> 10 Pelzwerk und ist ein gefürchteter Geflügeldieb.
> In Australien und seiner Inselwelt gibt es u. a. *Beutelwölfe, Beutelmarder, Beuteldachs* (mit raubtierartiger Lebensweise), *Beutelmaulwürfe* und als *Kletterbeutler* den **Koala** oder **Beutelbär** (Eukalyptusblatt-Fresser). Der Koala [...] wurde das Vorbild für den Spielzeug-Teddybären. Das Wappen-
> 15 tier Australiens aber ist das Känguru, von dem wir 51 Arten kennen.

2 Welche Überschrift findest du für den Text passend? Kreuze an und begründe deine Wahl.

Beuteltiere: Koala und Opossum ☐   Beuteltiere ☐   Koala und Opossum ☐

Begründung:

_____

_____

3 **Intensives Lesen:** Lies den Text noch einmal sorgfältig und überprüfe deine Wahl der Überschrift. Achte dabei besonders auf den Beginn der Abschnitte, die dir einen Hinweis auf das Thema des Textes geben.

4 Wo finden sich im Text die Antworten auf die folgenden Fragen? Überfliege den Text und unterstreiche die passende Textstelle.

a) Wie viele Arten der Beuteltiere gibt es?

b) Wie viele Känguru-Arten sind bekannt?

c) Welche Größe können Beuteltiere erreichen?

d) Welche anderen Namen hat ein Koala?

e) Wo lebt ein Opossum?

Lineare Sachtexte

2. Schritt: Fragen zu einem Sachverhalt stellen, Antworten suchen

Die Bearbeitung eines Sachtextes kannst du dir dadurch erleichtern, indem du dir zunächst Fragen zu dem Sachverhalt stellst, um den es in diesem Text geht. Auf diese Weise beschäftigst du dich schon mit dem Thema und stellst dich darauf ein. Wenn du dich gleichzeitig daran erinnerst, was du schon über dieses Thema weißt, bist du gut auf den Text vorbereitet. Manchmal kann es sogar sinnvoll sein, bereits nach dem Lesen des Titels einen kurzen Zwischenstopp einzulegen und die Gedanken spielen zu lassen. Welche Fragen ergeben sich aus dem Titel? Was weißt du bereits?

1 Welche Fragen fallen dir bei einem Sachtext mit dem Titel *Das Riesenkänguru* ein? Ergänze die Fragensammlung.

Das Riesenkänguru

Frage	Antwort: Vorwissen, Idee, Vermutung
→ *Wo lebt ein Känguru?*	*Australien*
→ *Wie groß ist ein Riesenkänguru?*	
→	
→	
→	

2 Welche Antworten weißt du bereits sicher, weil du Vorwissen aktivieren kannst? Trage sie farbig, wie im Beispiel vorgegeben, in Stichworten in die rechte Spalte ein.

3 Überlege, ob du bei den übrigen Fragen vielleicht eine Idee oder Vermutung hast. Trage diese Gedanken ebenfalls in Stichworten in die rechte Spalte ein, aber zunächst mit Bleistift, damit du sie eventuell korrigieren kannst.

4 **Orientierendes Lesen**: Überfliege nun den Text.

Das Riesenkänguru

Das <u>fast mannsgroße</u> Riesenkänguru bewohnt die weiten Busch- und Grassteppen Australiens, wo es sich von <u>Gras und Laub</u> ernährt.

Das Männchen hat ein rotbraunes, das etwas kleinere <u>Weibchen ein maus-</u><u>graues Fell.</u>

5　Die Tiere leben in *Rudeln.* Wittert eines Gefahr, so alarmiert es die übrigen durch starkes Aufschlagen der Hinterfüße auf den Boden.

Auf der Flucht machen die Kängurus mit ihren großen, starken *Hinterbei-nen* Sprünge von 6–12 m Weite und <u>2–3 m Höhe.</u> Sie überfliegen geradezu Gebüsche, Felsen und Schluchten und erreichen Geschwindigkeiten von 70

10　km in der Stunde. Beim Sitzen dient dem Tier der starke *Schwanz* als zusätz-liche Stütze. Die kleinen, schwachen Vordergliedmaßen werden nur wenig gebraucht.

Das Känguru bringt jeweils nur ein *Junges* zur Welt, das in noch *unentwi-ckeltem Zustand* geboren wird. Es ist <u>nur 2 cm lang</u> und noch völlig nackt

15 und blind. Das hilflose Wesen macht seine weitere Entwicklung in einer großen Hautfalte am Bauch der Mutter, dem *Brutbeutel* durch, wo es aus den Milchdrüsen der Mutter ernährt wird.

5 Über welche Bereiche informiert der Text? Kreuze an.

Lebensweise ☐   Besondere Fähigkeiten ☐   Verwandte Arten ☐

Ernährung ☐   Paarung ☐   Aussehen ☐

6 Intensives Lesen: Lies den Text sorgfältig durch und ergänze – falls möglich – die fehlende Antworten bei Aufgabe 1. Markiere die Stellen, in denen du Antworten auf deine Fragen gefunden hast.

7 Beantworte die Fragen mithilfe der Unterstreichungen.

a) Wie groß ist das Riesenkänguru? _____

b) Welche Farbe hat das Fell eines Känguru-Weibchens? _____

c) Was frisst ein Känguru? _____

d) Wie hoch kann ein Känguru springen? _____

e) Wie groß ist ein Junges bei der Geburt? _____

8 Formuliere eigene Fragen, auf die der Text eine Antwort gibt. Unterstreiche die Antworten im Text.

_____

_____

_____

9 Der Fachbegriff *Rudel* (Z. 5) wird im Druckbild besonders hervorgehoben. Wenn man diesen Begriff nicht kennt, erhält man durch den Textzusammenhang einen Hinweis auf die Bedeutung.
Lies dir dazu die Textstelle (Z. 5–6) noch einmal genau durch und begründe mit den Informationen aus dem Text, warum die beiden folgenden Aussagen zutreffen.

a) Der Begriff *Rudel* bezeichnet eine Form des Zusammenlebens von Tieren.

Die Aussage trifft zu, weil _____

_____

b) Das Leben in einem Rudel hat für das einzelne Tier Vorteile.

Die Aussage trifft zu, weil _____

_____

10 Überprüfe die Bedeutung des Fachbegriffs *Rudel* in einem Nachschlagewerk.

3. Schritt: Fragen an einen Text stellen, Antworten suchen, Informationen auswerten

1 Ein Teilkapitel eines längeren Sachtextes über Dinosaurier trägt den Titel *Was kann man aus Cola-Dosen lernen?* Welche Fragen ergeben sich in diesem Zusammenhang daraus? Notiere sie wie in Aufgabe 1 (S. 77), um dich auf den Text einzustimmen.

Was kann man aus Cola-Dosen lernen?

Fragen:	Antworten: Vorwissen, Idee, Vermutung
Warum sollte man gerade aus Cola-Dosen etwas lernen?	

2 Orientierendes Lesen: Verschaffe dir zunächst einen Überblick und überfliege Text.

Was kann man aus Cola-Dosen lernen?

Versteinerte Knochen sind für die Wissenschaftler wie eine Flaschenpost aus der Vergangenheit, eine Botschaft, die sie mit vielen Tricks entziffern müssen. Dinoknochen wurden auf der ganzen Welt gefunden, in Amerika, Asien, Australien. Die Kontinente […] waren zur Zeit der Dinos noch mitei-
5 nander verbunden. Das älteste Reptil, das der Familie der Dinosaurier zuge-ordnet wird, lag in Madagaskar, es wird auf 230 Millionen Jahre geschätzt. Um diese Zeit begannen die Dinosaurier ihre Karriere.
Woher wissen die Wissenschaftler so genau, wie alt die Überreste von Tie-ren sind? Eigentlich ist das gar nicht so schwer. Wie in einem Haushalt fällt
10 auch auf der Erde immer Abfall an: Sandstaub, Lava, Pflanzenreste, Tier-skelette. Und so wie der Haushaltsmüll auf die Mülldeponie wandert, fällt der Erdmüll auf den Boden und bildet dort eine Schicht, die stets von neuen Schichten bedeckt wird. Die ältesten Abfallschichten liegen ganz unten und sind am stärksten verrottet, die jüngeren liegen oben. Die Schichten, in de-
15 nen Dino-Reste gefunden wurden, heißen Trias, Jura und Kreide. Weil in der Jura-Schicht besonders viele aufregende Saurier lagen, hat Steven Spielberg seinen Film „Jurassic Park" genannt.
Jede Schicht auf der Erde ist typisch für eine bestimmte Zeit. So würden zu-künftige Forscher, wenn sie in hunderttausend Jahren im heutigen Amerika
20 eine Ausgrabung machen, irgendwann auf eine Schicht mit ziemlich vielen Cola-Dosen und CDs stoßen. Wenn sie dann noch einen Dollar finden mit einem Datum drauf, wissen sie: Immer wenn wir irgendwo auf der Welt Co-la-Dosen ausgraben, werden sie ungefähr aus dem 20. Jahrhundert stammen. Die Wissenschaftler müssen also nur einmal das Alter einer Schicht genau
25 bestimmen, dann können sie es auf die ganze Welt übertragen. [...]
Die Erdschichten verraten eine ganze Menge, wenn man sie untersucht wie ein Detektiv. Die Wissenschaftler erforschen die Überreste von Pflanzen und Tieren und können auf diese Weise herausfinden, wie die Umwelt damals aussah, wie warm es war, ob es viel regnete, ob Sommer und Winter sehr
30 unterschiedlich ausfielen. Zum Teil können sie bis auf den Tag genau sagen, wie das Wetter vor vielen Millionen Jahren war. Bei ihren Untersuchungen hilft den Forschern, dass alle Tiere und Pflanzen so perfekt in ihre Umwelt

passen wie ein Schlüssel in ein Schloss. Finden sich beispielsweise in einer urzeitlichen Schicht Überreste von Korallen, kann man daraus schließen,
35 dass in dieser Zeit das Wasser ziemlich warm gewesen sein muss. Korallen können nämlich nur in warmem Wasser überleben. [...]

3 Um welche Sachverhalte geht es in diesem Sachtext? Kreuze an.

a) Cola-Dosen – früher und heute ☐

c) Erdschichten und ihr Informationsgehalt ☐

b) Altersbestimmung von Knochenfunden ☐

d) Altersbestimmung von Erdschichten ☐

4 **Intensives Lesen:** Lies dir nun den Text sorgfältig durch. Markiere unbekannte Wörter und lege nach jedem Abschnitt einen *Zwischenstopp* ein:

→ Sind dir Wörter unbekannt, versuche, bei jedem Zwischenstopp ihre Bedeutung zunächst aus dem Zusammenhang des Abschnittes zu klären. Lies dir dazu die Textstelle noch einmal sorgfältig durch. Kannst du die Bedeutung nicht aus dem Zusammenhang erschließen, musst du sie in einem Nachschlagewerk nachschlagen.

→ Nutze den Zwischenstopp, um dir den Inhalt des Abschnittes zu verdeutlichen: Worum geht es genau? Welche Informationen erhältst du?

5 Überprüfe dein erstes Textverständnis und kreuze die richtige Antwort auf die Fragen zum Text an.

a) Wo wurden Dinosaurierknochen gefunden?
☐ Amerika ☐ Afrika ☐ Australien

b) Wie alt schätzt man den ältesten Reptilfund?
☐ 230 Millionen Jahre ☐ 320 Millionen Jahre ☐ 230 Milliarden Jahre

c) Welche Bestandteile kann man in einer Schicht *Erdmüll* finden?
☐ Sandstaub ☐ Lava ☐ Pflanzenreste

d) In welcher Erdschicht fanden sich besonders viele Reste von Sauriern?
☐ Trias ☐ Jura ☐ Kreide

e) Woraus können die Wissenschaftler auf das Wetter vor Millionen Jahren schließen?
☐ aus Pflanzenresten ☐ aus Überresten von Tieren ☐ aus der Wassertemperatur

6 *Partnerarbeit:* Den Inhalt eines Textes kann man sich auch zu zweit erarbeiten: Nach einer kurzen Vorbereitungszeit, in der beide den Text noch einmal sorgfältig lesen sollten, beginnt der erste von euch und gibt den Inhalt des ersten Abschnittes mit eigenen Worten wieder. Der andere hört gut zu und korrigiert, wenn er etwas anders verstanden hat.
Bei Unstimmigkeiten müsst ihr die entsprechende Textstelle heraussuchen und gemeinsam klären, was richtig ist. Nach jedem Abschnitt wird gewechselt.

7 In welchem Fall könnte man also aus einer Cola-Dose etwas lernen? Formuliere mit eigenen Worten.

8 Wovon gehen die Autoren des Textes aus?

a) Dosen sind auch in hunderttausend Jahren nicht verrottet. ☐

b) Der Fund einer Cola-Dose ist in hunderttausend Jahre Glücksache. ☐

c) Es werden nur in Amerika sehr viele Cola-Dosen verkauft, die auf Mülldeponien landen. ☐

d) Cola-Dosen werden weltweit verkauft. ☐

Den Inhalt eines Textes sichern – Texte bearbeiten

1. Schritt: Texte in Abschnitte einteilen – Schlüsselwörter nutzen – Überschriften zuordnen

Die Gliederung eines Sachtextes in Abschnitte ist ein wichtiger Arbeitsschritt für das Verständnis des dargestellten Sachverhaltes. Einen Hinweis auf Abschnitte erhältst du bei Sachtexten sehr oft durch das Druckbild (s. S. 19–23).
Da ein Sachtext immer über einen Sachverhalt (Thema, Fragestellung …) informiert, können dir diese Fragen bei der Gliederung eines Sachtextes helfen:
→ Welche Information erhalte ich in diesem Abschnitt genau?
→ Was ist die Kernaussage?
→ Ergänzt diese Information das bisherige Thema des Abschnittes oder gehören sie schon zu einem neuen Thema (= neuer Abschnitt)?

Du kennst die Methode, dich über Fragen auf ein Thema oder einen Text einzustimmen. Eine andere Möglichkeit ist das Sammeln von Stichworten, die einem zu diesem Thema einfallen, z. B. in einem Cluster.

1 Im Folgenden findest du Texte zum Thema „Ernährung" – ein Thema, über das immer wieder diskutiert wird. Wenn du dir vor dem Lesen schon einmal Gedanken zum Thema machst und dein Vorwissen aktivierst, verstehst du die folgenden Texte leichter. Was fällt dir alles zum Thema „Ernährung" ein? Ergänze mit deinen Einfällen den Cluster.

2 Lies dir nun zu diesem Thema den folgenden Artikel durch.

Aufstand der Moppel-Mamas

Wenn <u>Forscher</u> in den vergangenen Jahren das <u>Gewicht</u> von <u>Kindern</u> untersuchten, kamen sie immer zu dem gleichen Ergebnis: <u>Englische Kinder haben zu viel Speck auf den Rippen.</u>

„Das kann so nicht weitergehen!", dachte der <u>Meisterkoch Jamie Oliver</u>[1].

5 Er schlug <u>britischen Politikern</u> vor, für <u>die Kantinen der Schulen gesunde Menüs</u> zusammenzustellen. <u>Seit Beginn des Schuljahres</u> werden nun fettes Fleisch und Ketchup durch <u>leckere Gemüsegerichte</u> ersetzt.

„Tolle Sache", lobten Fachleute. Doch leider hatte Oliver nicht den Geschmack der Mütter getroffen. „Widerlicher Mist!", fauchten einige und behaupteten: „Unsere Kinder werden nicht satt!"

10 An einer Gesamtschule in Yorkshire kam es sogar zum offenen Aufstand. Jeden Mittag kauften (rundliche) Mamis massenhaft Hamburger und stopften sie durch den Zaun des Schulhofs, um ihre Söhne und Töchter mit Kalorien zu versorgen.

15 Der Schulleiter will beim gesunden Essen jedoch hart bleiben: „Die Kinder lernen jetzt nachmittags viel besser", sagt er.

[1] Jamie Oliver ist ein über die Grenzen Englands hinaus bekannter Starkoch, der z. B. auch in Kochsendungen im Fernsehen auftritt.

3 Was ist bei diesem Artikel kaum zu glauben, entspricht aber der Wahrheit?

_____

_____

4 Lies dir den Artikel noch einmal durch und teile den Text in Abschnitte ein. Wo fängt etwas Neues an? Trenne die Abschnitte durch Bleistiftlinien.

5 Vervollständige die Übersicht. Welche Zeilen umfassen die einzelnen Abschnitte? Nutze dafür die Zeilennummerierung am linken Textrand.

Abschnittseinteilung

1. Abschnitt: Z. _1_ – Z. _3_   4. Abschnitt: Z. _____ – Z. _____

2. Abschnitt: Z. _4_ – Z. _____   5. Abschnitt: Z. _____ – Z. _____

3. Abschnitt: Z. _____ – Z. _____

6 In dem ersten Abschnitt (Z. 1-3) sind bereits die wichtigsten Wörter, die **Schlüsselwörter**, unterstrichen. Mit ihrer Hilfe solltest du auf einen Blick die Kernaussage eines Abschnittes erkennen. Schlüsselwörter erleichtern dir z. B. das Formulieren einer genau passenden Überschrift.
Nutze die Schlüsselwörter und wähle für diesen Abschnitt eine passende Überschrift aus.

a) Übergewicht bei Kindern   ☐

b) Übergewicht durch zu viel Speck   ☐

c) Übergewicht bei englischen Kindern   ☐

7 Begründe deine Meinung.

_____

_____

8 Die Schlüsselwörter des zweiten Abschnitts (Z. 4-7) sind ebenfalls bereits unterstrichen. Vergleiche den Vorschlag für eine passende Überschrift mit den unterstrichenen Schlüsselwörtern. Warum ist die folgende Überschrift <u>nicht</u> genau passend? Begründe deine Meinung.

Jamie Oliver kocht

Begründung: _____

_____

_____

_____

9 Formuliere eine eigene passende Überschrift.

_____

10 Lies dir die Abschnitte noch 3–5 einmal sorgfältig durch und unterstreiche die Schlüsselwörter.

11 Wähle für die Abschnitte 3–5 eine passende Überschrift aus und trage sie in der Randspalte ein.

Die Meinungen gehen auseinander Gemüse macht hungrig Besser lernen

Ohne Hamburger geht es nicht Fettig ist besser Aufstand der Mütter

Eine tolle Sache Schlau durch gesunde Ernährung

12 Warum lässt sich der Schulleiter von den Protesten der Mütter nicht beeinflussen?

_____

_____

_____

13 Welche Meinung hast du? Schreibe einen kurzen Leserbrief zu dem Artikel „Aufstand der Moppel-Mamas".

Sehr geehrte Redakteure, _____

_____

_____

_____

_____

2. Schritt: Texte in Abschnitte einteilen – Schlüsselwörter unterstreichen – treffende Überschriften finden

1 **Orientierendes Lesen:** Der folgende Eintrag findet sich in einem Lexikon unter dem Stichwort „Vitamine". Überfliege ihn, um einen Überblick über das Thema zu bekommen.

Vitamine

Um <u>gesund</u> zu bleiben, braucht <u>jeder Mensch</u> chemische Stoffe, die wir <u>Vitamine</u> nennen. Da <u>unser Körper</u> sie <u>nicht selbst herstellen</u> kann, müssen wir sie <u>mit der Nahrung aufnehmen.</u>

Warum brauchen wir Vitamine?

Seefahrer bemerkten bereits sehr früh, dass bestimmte Nahrungsmittel wichtig waren für die Gesundheit. Auf langen Reisen, wenn sie keine
5 Früchte oder frisches Gemüse zu essen bekamen, erkrankten sie nämlich an Skorbut: Nach ungefähr zwei Monaten wurden die Männer müde und bluteten schnell. Die Zähne lockerten sich und Wunden heilten nicht mehr. Die Seeleute starben dann oft an harmlosen Infektionskrankheiten wie Grippe
10 oder Durchfall. Kurz vor 1800 entdeckte ein englischer Arzt, dass vor allem Zitronensaft den Skorbut wirksam bekämpfte. Seither bekamen britische Seeleute regelmäßig Zitronensaft verabreicht, was ihnen den Spitznamen „Limeys" („Zitronenesser") eintrug. Erst um 1935 fanden zwei Forscher heraus, dass das Vitamin C oder die Ascorbinsäure dafür verantwortlich war.
15 Wir kennen heute fünf weitere Vitamine: A, B, D, E und K. Die Vitamin-B-Gruppe besteht aus ungefähr zehn verschiedenen chemischen Stoffen. Die vier Vitamine A, D, E und K können wir in unserem Körperfett speichern. Deswegen brauchen wir sie nicht jeden Tag mit der Nahrung aufzunehmen. Die B-Vitamine und das Vitamin C hingegen können wir nicht speichern.
20 Wir sollten uns aus diesem Grund jeden Tag damit versorgen.

Vitamine	Vorkommen
A	Butter, Milch, Eier, Karotten, Lebertran
B1	Hefe, Weizenkeime, Schweinefleisch
B2	Hefe, Leber, Nieren
Neun weitere B-Vitamine	in Hefe, Milch und Fleisch
C	Orangen, Zitronen, Tomaten, frisches Gemüse
D	Lebertran, Milch, Butter, Eidotter
E	pflanzliche Öle, Milch, Vollkornbrot
K	Spinat, Kohl, Leber

Es gibt aber kein Nahrungsmittel, das alle Vitamine enthält. Deswegen ist eine möglichst vielfältige Ernährung so wichtig.

2 Was ist bei diesem Sachtext auf den ersten Blick eine Besonderheit?

topfit Deutsch – Lesekompetenz 1 © 2007 Oldenbourg Schulbuchverlag

Lineare Sachtexte

3 Lies dir den Text sorgfältig durch. Aus wie vielen Abschnitten besteht der Text? Trenne sie mit Bleistift voneinander ab.

4 Vervollständige die Übersicht. Welche Zeilen umfassen die einzelnen Abschnitte? Nutze dafür die Zeilennummerierung am linken Textrand.

Abschnittseinteilung

1. Abschnitt: Z. _1_ – Z. _3_

2. Abschnitt: Z. _4_ – Z. _____

3. Abschnitt: Z. _____ – Z. _____

4. Abschnitt: Z. _____

5. Abschnitt: Z. _____ – Z. _____

5 Überprüfe dein Textverständnis und kreuze Zutreffendes an.

a) Unser Körper kann Vitamine nicht speichern. ☐

b) Unser Körper kann Vitamine nicht selbst herstellen. ☐

c) Unser Körper kann vier Vitamine speichern. ☐

d) Vitamine, die der Körper speichern kann, müssen wir nicht täglich zu uns nehmen. ☐

e) Vitamine, die der Körper nicht speichern kann, müssen wir täglich zu uns nehmen. ☐

f) Vitamine, die der Körper speichern kann, müssen wir täglich zu uns nehmen. ☐

g) Die Ursache für Skorbut ist ein Mangel an Vitamin C. ☐

h) Die Seeleute erkrankten an Skorbut, weil der Körper Vitamin C nicht speichern kann. ☐

i) Die Ursache für diese Erkrankung fand ein englischer Arzt kurz vor 1800 heraus. ☐

6 Unterstreiche im Text, wie bereits im ersten Abschnitt vorgegeben, die *Schlüsselwörter*. Benutze dafür einen Bleistift, damit du deine Unterstreichungen eventuell noch korrigieren kannst. Denke daran, dass Schlüsselwörter die wichtigsten Wörter eines Abschnittes sind und unterstreiche deshalb möglichst sparsam.

7 Vergleiche mit einer Partnerin oder einem Partner die unterstrichenen Schlüsselwörter:
- Gibt es vielleicht überflüssige Unterstreichungen?
- Sind es zu wenige Schlüsselwörter?
Korrigiert, falls notwendig, eure Unterstreichungen.

8 Eine **Überschrift** zu einem Abschnitt kannst du auch als Frage formulieren, wie im Beispiel vorgegeben. Wähle für den zweiten Abschnitt eine treffende Frage aus und trage sie in die Randspalte ein.

Warum wurden Seefahrer früher krank?   Was ist Skorbut?   Was passiert bei Vitaminmangel?

Warum ist Skorbut so gefährlich?

9 Nutze deine Schlüsselwörter und formuliere für die beiden anderen Abschnitte eine passende Überschrift. Trage sie in die Randspalte ein.

10 Lies die Tabelle auf S. 84 genau. Worüber informiert sie?
Formuliere hier eine Überschrift für die Tabelle.

_____

11 Welche Aufgabe übernimmt die Tabelle in diesem Text? Kreuze Zutreffendes an.

a) Die Tabelle ergänzt Informationen des Textes. ☐

b) Die Tabelle stellt Informationen des Textes übersichtlich dar. ☐

c) Die Tabelle ist hier eigentlich als ein Abschnitt zu sehen. ☐

d) Die Tabelle übernimmt keine Aufgabe und könnte wegfallen. ☐

Tipp Die Aufgaben von Tabellen können unterschiedlich sein. Überfliege eingefügte Tabellen zunächst und entscheide dann, ob du sie sofort genau lesen musst, um den restlichen Text zu verstehen. Manchmal ergänzen Tabellen die Informationen eines Textes und können dann im Anschluss genau gelesen werden.

3. Schritt: Abschnitte, Schlüsselwörter, Überschriften – Zusammenfassung

1 Welche Fragen ergeben sich für dich aus dem Titel _Die Schreib-Weisen_? Notiere die
Fragen in der bekannten Form (s. z.B. Aufgabe 1, S. 77)

Die Schreib-Weisen

Frage	Antwort: Vorwissen, Idee, Vermutung
→ Welche Schreib-Weisen sind gemeint?	Schriftarten
→	
→	
→	
→	

2 Orientierendes Lesen: Überfliege den Text und verschaffe dir einen ersten Überblick.

Die Schreib-Weisen

Wenn du das nächste Mal zu einem Füller oder Bleistift greifst, denk an die alten Sumerer, die im Nahen Osten vor mehr als 5 000 Jahren das Schreiben erfanden. Bei ihnen gab es eine Vorschrift, nach der jede Familie einen Teil ihres Besitzes den Priestern im Tempel geben musste. Aber denk daran – das

5 Schreiben war noch nicht erfunden. Es gab keine Möglichkeit, persönliches Eigentum zu kennzeichnen, und keine Möglichkeit zu notieren, wer was abgegeben hatte.

Also mussten sich die Priester etwas ausdenken. Jeder Familie wurde ein Zeichen zugeteilt – etwa das einer Heugabel oder eines Gänse-Eis –, das in

10 einen kleinen Steinzylinder eingemeißelt wurde. Jede Familie rollte ihren Stempel über ein Stück weichen Ton, ließ den Ton trocknen, befestigte einen

_Warum die Sumerer
vor 5000 Jahren das
Schreiben erfanden_

Lederriemen daran und band diese Art „Halsketten" ihren Tieren und Haushaltsgegenständen um. Dies klärte die Frage, was wem gehörte.

Aber da die Zahlen noch nicht erfunden waren, konnte man nicht über-
15 schauen, wie viel jede Familie schuldig war. Die Priester hatten wieder eine schlaue Idee: Sie zeichneten Bilder von allen Gütern, die die Familien besaßen – Weizen, Kühe, Lämmer und so weiter – und ritzten für jeden dem Tempel übergebenen Gegenstand einen Strich unter das entsprechende Zeichen.

20 Die Priester erkannten, dass Zeichen auch bestimmte Ideen oder Vorstellungen darstellen können. Eine Zeichnung von einem Weizenhalm zum Beispiel konnte für „Weizen" stehen oder die Vorstellung von „viel" wiedergeben. Diese Ideenbilder nennt man Ideogramme.

Dann machten die Priester eine erstaunliche Entdeckung. Wenn sie jedem
25 Laut ein Zeichen zuordneten, konnten sie aus wenigen grundlegenden Zeichen viele neue Wörter bilden. Diese Entdeckung war der Anfang unseres heutigen Schreibsystems – des phonetischen Alphabets (phonetisch heißt: auf Lauten beruhend). Die Sumerer verwendeten 500 Zeichen – Dreiecke, Schnörkel und Striche – für Silben und Vokale und ritzten sie mit Stiften aus
30 Riedgräsern in weichen Ton.

Als das Schreiben sich im Nahen Osten verbreitete, nahm es unterschiedliche Formen an. Die Ägypter schufen ein Alphabet aus Zeichnungen von Tieren und Menschen, die Hieroglyphen. Sie füllten Tinte aus Ruß, Wasser und Holzkohle in die hohlen Stängel von Riedgräsern – die ersten Füllfeder-
35 halter – und malten ihre Zeichen auf Matten aus Stängeln der Papyrusstaude. Um 1500 v. Chr. entwickelten die Chinesen ihre eigene Schrift – eine Kombination aus Ideogrammen und Lautzeichen. Es gab Tausende solcher Zeichen. Die Chinesen stellten Tinte her, aber statt auf Papier zeichneten sie mit feinen Kamelhaar-Pinseln auf Seidentücher.

40 Die geschriebene Sprache hat sich überall auf der Welt oftmals gewandelt. Unser Alphabet aus 26 Zeichen (Buchstaben) wurde von den Griechen und Römern etwa 1000 v. Chr. aus dem Nahen Osten übernommen und abgewandelt.

3 **Intensives Lesen:** Lies den Text einmal sorgfältig und genau. Denke dabei an Zwischenstopps beim Lesen.

4 Erschließe dir die Bedeutung *unbekannter Wörter,* wie z.B. „Ideogramm" (Z. 23), „phonetisch" (Z. 27) aus dem Zusammenhang des Textes. Lies dir dazu die entsprechenden Textstellen genau durch. Versuche, die Bedeutung mit eigenen Worten zu erklären.

Ideogramm: _____

phonetisch: _____

5 Falls dir andere Wörter unbekannt sind, versuche ihre Bedeutung ebenfalls zunächst aus dem Textzusammenhang zu klären. Überprüfe dein Ergebnis in einem Nachschlagewerk.

6 Lies dir den Text noch einmal genau durch und achte darauf, wann ein neuer *Abschnitt* beginnt. Wo erhältst du Informationen zu einem neuen Teilbereich? Trenne die Abschnitte durch Bleistiftlinien.

7 Vervollständige die Übersicht. Welche Zeilen umfassen die einzelnen Abschnitte? Nutze dafür die Zeilennummerierung am linken Textrand.

Abschnittseinteilung

1. Abschnitt: Z. __1__ – Z. __7__

2. Abschnitt: Z. __8__ – Z. _____

3. Abschnitt: Z. _____ – Z. _____

4. Abschnitt: Z. _____ – Z. _____

5. Abschnitt: Z. _____ – Z. _____

6. Abschnitt: Z. _____ – Z. _____

7. Abschnitt: Z. _____ – Z. _____

8. Abschnitt: Z. _____ – Z. _____

8 Lies dir den Text noch einmal sorgfältig durch und unterstreiche die *Schlüsselwörter*.

9 Zu welchen Abschnitten gehören u. a. diese Schlüsselwörter?

Schlüsselwörter	Abschnitt
a) des phonetischen Alphabets	_____
b) 26 Zeichen	_____
c) Stempel	_____
d) Hieroglyphen	_____
e) 500 Zeichen	_____
f) Seidentücher	_____
g) Bilder	_____

10 Nutze die Schlüsselwörter und formuliere für jeden Abschnitt eine passende *Überschrift*. Trage sie in die Randspalte (S. 86 f.) ein.

11 Überprüfe abschließend deine Textkenntnis und beantworte folgende Fragen.

a) Wann erfanden die Sumerer das Schreiben? _____

b) Welche Vorschriften galten damals?

_____

_____

topfit Deutsch – Lesekompetenz 1 © 2007 Oldenbourg Schulbuchverlag

c) Wie kennzeichnete jede Familie ihre Gegenstände?

_____

_____

d) Was haben sich die Priester überlegt, um die Anzahl der übergebenen Gegenstände festzuhalten?

_____

_____

e) Was ist das Besondere an dem Alphabet der Ägypter?

_____

_____

f) Was ist das Besondere an der Schrift der Chinesen?

_____

_____

g) Auf wen geht unser Alphabet zurück?

_____

_____

12 Suche dir nun eine Partnerin/einen Partner und erklärt euch abwechselnd mit eigenen Worten, was in den einzelnen Abschnitten steht. Der erste beginnt und erklärt mit eigenen Worten, was in dem ersten Abschnitt steht. Der andere hört gut zu und korrigiert, wenn er etwas anders verstanden hat.
Bei Unstimmigkeiten müsst ihr die entsprechende Textstelle heraussuchen und gemeinsam klären, was richtig ist. Nach jedem Abschnitt wird gewechselt. Nachfragen sind jederzeit erlaubt!

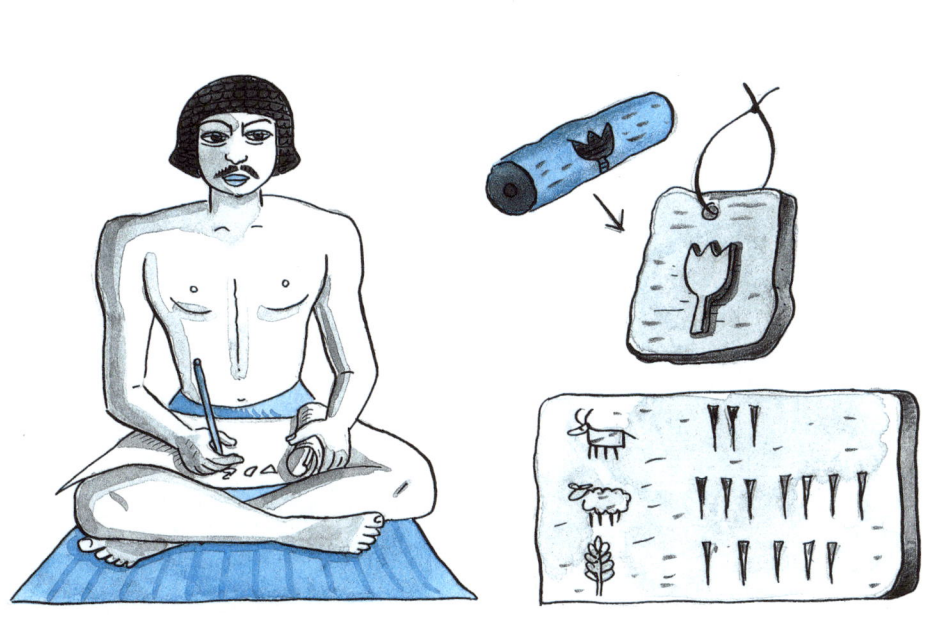

Den Inhalt eines Textes sichern

Häufig musst du aus einem umfangreichen Sachtext mit einer Fülle von Informationen genau die heraussuchen, die eine spezielle Aufgabenstellung oder die Fragestellung beantworten. Deshalb solltest du immer die Aufgabenstellung im Blick haben und für dich klären, was genau deine Aufgabe ist. So arbeitest du zielgerichtet mit dem Text und kannst die Informationen entnehmen, die für die gestellte Aufgabe wichtig sind.

1. Schritt: Aufgabenstellungen verstehen, Stichworte aus Abschnitten herausschreiben

1 **Orientierendes Lesen:** Überfliege den Text und verschaffe dir einen Überblick.

> **Die wilden Verwandten der Meerschweinchen**
>
> Sie sehen unscheinbar aus, sind zierlich und unglaublich lebhaft – die wilden Vettern der Hausmeerschweinchen. Möglichst nicht auffallen heißt das Überlebensprinzip der Kleinen und Wehrlosen in freier Natur. Die graubraune Fellfarbe der wilden Meerschweinchen ist ideale Anpassung an ihren Le-
> 5 bensraum. Eine perfekte Tarnung und ihre nächtliche Lebensweise sichern den Winzlingen das Überleben. Auf kleinen Trampelpfaden huschen Sie von Bau zu Bau. Erst in der Dämmerung verlassen die Tiere ihre sicheren Baue, um auf Nahrungssuche zu gehen. Meerschweinchen sind Rudeltiere. Die Gemeinschaft des Rudels bietet Sicherheit und Schutz. Typisch sind bei den
> 10 wildlebenden Meerschweinchen Kolonien von 20 bis 40 Tieren. Wildmeerschweinchen sind die häufigsten Nagetiere in Südamerika. Sie sind im brasilianischen Busch und im Hochland Perus bis in 5000 Meter Höhe zu Hause.
> Die Indios zähmen und züchten Meerschweinchen seit vielen tausend Jah-
> 15 ren. In Südamerika sind die kleinen Nager eine beliebte Speise. Sie werden auf allen Viehmärkten angeboten und direkt in der Küche oder in Gruben hinter dem Haus gehalten. Die Nachfrage ist riesig: Allein in Peru leben über 60 Millionen Tiere auf Farmen. In Europa war Meerschweinchenbraten von Anfang an verpönt. Im 16. Jahrhundert brachten spanische Eroberer die
> 20 ersten Tiere nach Hause. Aus der kostbaren Rarität wurde dank der extremen Fruchtbarkeit der neuen Hausfreunde bald ein Massentier. Die Liebe zu ihm hat alle Zeiten überdauert: Heute sind Meerschweinchen unsere beliebtesten Heimnager. Sie sind umgänglich, kontaktfreudig und weit weniger schreckhaft als ihre wilden Verwandten. Aber auch sie brauchen unbedingt Kontakt
> 25 zu ihren Artgenossen.

2 Auf welche Fragen gibt der Text Antworten? Kreuze an.

a) Warum sind Meerschweinchen in Südamerika so beliebt? ☐

b) Wie werden Meerschweinchen artgerecht gehalten? ☐

c) Wo leben die wilden Meerschweinchen? ☐

d) Wovon ernähren sich Meerschweinchen? ☐

e) Wann kamen die ersten Meerschweinchen nach Europa? ☐

topfit Deutsch – Lesekompetenz 1 © 2007 Oldenbourg Schulbuchverlag

3 Lies nun den Text genau durch und überprüfe anschließend noch einmal deine erste Einschätzung (Aufgabe 2).

4 Bearbeite den ersten Abschnitt für folgende Aufgabenstellung:

Wodurch können Meerschweinchen in freier Natur überleben?

- Mach dir zunächst die Aufgabenstellung klar: Was genau ist deine Aufgabe?

- Einige Textstellen zur Beantwortung der Aufgabenstellung sind bereits im Text unterstrichen. Suche im ersten Abschnitt weitere Textstellen heraus, die die Frage beantworten, und unterstreiche sie.

5 Schreibe Stichworte zur Beantwortung der Aufgabenstellung heraus.

unscheinbar, unauffällig,

6 Suche dir eine Partnerin/einen Partner und stelle deine Ergebnisse mithilfe der Stichwortliste vor. Vergleicht eure Ergebnisse.

7 Bearbeite die ersten beiden Abschnitte für folgende Aufgabenstellung:

Vervollständige die Tabelle mit den Informationen des Textes.

- Mach dir zunächst die Aufgabenstellung klar: Was genau ist deine Aufgabe?

- Lies zunächst die Tabelle: Was sollst du in die leeren Felder eintragen? Welche Informationen benötigst du?
- Unterstreiche im Text die Textstellen, die die Informationen enthalten.
- Trage die Informationen in die Tabelle ein.

Wildmeerschweinchen

Vorkommen	
Aussehen	
Lebensweise	– Rudeltiere –
Besonderheit	

8 Welche Aussage steckt in dem letzten Satz des Textes?

a) Meerschweinchen brauchen engen Kontakt zu den Menschen. ☐

b) Meerschweinchen können auch alleine gehalten werden. ☐

c) Meerschweinchen sollten mindestens zu zweit gehalten werden. ☐

Nutze die Informationen in der Tabelle und stelle einen Zusammenhang her zwischen der Lebensweise der Wildmeerschweinchen und der Haltung als Haustier. Warum sollte man nicht nur <u>ein</u> Meerschweinchen halten?

_____

_____

10 Trainingsmöglichkeit: Erstelle einen Steckbrief, ähnlich der Tabelle aus Aufgabe 7, zu dem Riesenkänguru (S. 77) und ergänze weitere Angaben (z. B. Nahrung).

2. Schritt: Aufgabenstellungen verstehen, Stichworte aus einem Text herausschreiben

1 Hochgeschwindigkeitsbahnen – überlege kurz: Was fällt dir zu diesem Stichwort ein? Notiere die Stichworte in einem Cluster.

Hochgeschwindigkeitsbahnen

2 Orientierendes Lesen: Überfliege den Text.

Die schnellsten Züge der Welt

[...] Wer den Maglev am Bahnsteig stehen sieht, kann ihn für vieles halten: für eine farbige Raupe. Oder für eine überlange Zahnpastatube. Doch als japanische Ingenieure im Dezember 2003 die Magnetschwebebahn starten, wissen sie, dass ihr MLX01 ein technisches Wunderwerk ist.

5 Auf den ersten Metern rollt er noch wie ein Zug auf Rädern. Bei Tempo 100 aber kommt der Clou: Magneten, die wie eine Perlenkette an den Seitenwänden seiner Fahrrinne angebracht sind, heben den Maglev nicht nur zehn Zentimeter hoch an. Sie ziehen ihn auch gleichzeitig mit einer enormen Kraft nach vorn. Am Ende fliegt der Testzug mit 581 Stundenkilometern

10 dahin. Ein neuer Rekord für Schienenfahrzeuge!

Der MLX01 ist zwar die schnellste Bahn der Welt, aber bei weitem nicht der einzige Schienensprinter. Hochgeschwindigkeitszüge, also Gefährte, die deutlich mehr als 200 Stundenkilometer schaffen, fahren heute in gut einem Dutzend Ländern. In Deutschland verbindet der Intercity-Express (ICE) die

15 großen Städte. Frankreich setzt auf den pfeilschnellen TGV (gesprochen: T-Scheh-Weh). Und im chinesischen Shanghai bringt der Transrapid Passagiere mit Tempo 430 vom Flughafen ins Stadtzentrum und wieder zurück. Wer hätte vor rund 170 Jahren gedacht, dass Züge eine so tolle Zukunft haben? Vermutlich niemand. Denn als damals die ersten Dampflokomoti-

20 ven auftauchten, fuhren sie kaum schneller als Kutschen, rund 15 km/h. Und selbst das schien gefährlich: Bei solchem Höllentempo, warnten Ärzte, werde das Blut ins Hirn gepresst. Das führe zum Tode. Oder zumindest zur Verblödung!

Doch die Stahlkolosse wurden rasch schneller. Schon 1846 schaffte eine

25 Bahn die 287 Kilometer lange Strecke von Berlin nach Hamburg in gut neun Stunden. 20 Jahre später waren es sechs Stunden. 1933 nur noch zwei Stunden und 18 Minuten! [...]

Der Siegeszug der Hochgeschwindigkeitszüge begann 1964 in Japan. Damals starteten dort zwischen den Städten Tokio und Osaka die ersten Bul-

30 let-Trains, übersetzt Geschosszüge. Sie wurden später als „Shinkansen" berühmt, was einfach „neue Fernstrecke" heißt. Aus den ersten Shinkansen ist heute das wohl effektivste Verkehrsmittel der Welt geworden: Auf manchen Strecken düsen die Sprinter im Drei-Minuten-Takt mit 300 km/h über die Schienen. Andere Modelle sind doppelstöckig und befördern pro Fahrt mehr

35 als 1600 Gäste!

Auch in Europa haben die Schnellzüge den Verkehr völlig verändert. Bevor etwa der TGV 1981 den Betrieb aufnahm, reisten die Menschen in Frankreich meist schneller per Flugzeug oder Auto. Heute sausen Züge in zwei Stunden von Paris nach Lyon, in drei nach Bordeaux. Ein Großteil der Pas-

40 sagiere ist deshalb auf den TGV umgestiegen! Für die Umwelt ist das prima. Denn pro Fahrgast verbrauchen Schnellzüge wie der ICE nur rund zwei Liter Sprit auf 100 Kilometer, viel weniger als etwa Autos.

Der Rekord des TGV liegt bei 515 km/h. Auch der deutsche ICE hat schon 406 Stundenkilometer geschafft. Doch Spitzengeschwindigkeit ist nicht al-

45 les. Denn die Fahrt eines Schnellzuges besteht aus ständigem Tempowechseln: Wenn zum Beispiel ein ICE von Hamburg nach Basel fährt, hält er an neun Stationen. Und er muss in Städten und Kurven sowie auf alten Gleisabschnitten langsamer fahren. Um Zeit zu sparen, feilen die Ingenieure deshalb an jedem Detail [...].

50 Am meisten Zeit lässt sich aber bei den Bahnstrecken gewinnen: Weil jede Kurve den ICE bremst, werden neue Abschnitte heute schnurgerade gebaut – über Täler und durch Berge. Allein auf dem Stück zwischen Würzburg und Hannover flitzen die Züge durch 61 Tunnel und über 294 Brücken! [...]

3 Welche Besonderheit des Textes kann auf den ersten Blick das Verständnis erschweren?

_____

4 **Intensives Lesen:** Lies dir den Text sorgfältig durch und achte auf Zwischenstopps beim Lesen, in denen du gegebenenfalls Unklarheiten beseitigst und dir den Inhalt des Abschnittes verdeutlichst.

5 Bearbeite den Text für folgende Aufgabenstellung:

Vervollständige die Tabelle mit Informationen aus dem Text.

- Mach dir zunächst die Aufgabenstellung klar: Was genau ist deine Aufgabe?

_____

_____

- Lies anschließend die Tabelle. Welche Angaben fehlen?
- Suche diese Angaben im Text, unterstreiche sie und trage sie in die Tabelle ein.

Hochgeschwindigkeitsbahnen der Welt

Abkürzung	Name des Zuges	gebaut in	Höchstgeschwindigkeit
TGV	–	Frankreich	515 km/h

6 Stelle eine Tabelle zusammen, in der die Fahrzeiten auf der Strecke Berlin – Hamburg mit den entsprechenden Jahreszahlen deutlich werden. Gehe dabei wie in Aufgabe 5 vor.

Jahreszahl	Fahrzeit
1846	9 Std.

7 Welche Schäden bei den Passagieren wurden in den Anfangsjahren der Eisenbahn vermutet?
Suche die Textstellen heraus, die etwas über gesundheitliche Schäden bei Passagieren berichten, unterstreiche sie und schreibe die Antwort in Stichworten auf.

_____

_____

topfit Deutsch – Lesekompetenz 1 © 2007 Oldenbourg Schulbuchverlag

8 Die absoluten Höchstgeschwindigkeiten werden auf Teststrecken erreicht. Warum
können Hochgeschwindigkeitszüge auf den normalen Bahnstrecken nicht so schnell
fahren? Gehe wie in Aufgabe 7 vor und schreibe Stichworte heraus.

_____

_____

9 Wodurch möchte man auf den Bahnstrecken eine höhere Geschwindigkeit erreichen?

_____

_____

10 „Amerikanische Ingenieure träumen von einer Hochgeschwindigkeitsbahn, die Amerika mit Europa verbindet. Der Doppeldecker soll mit Tempo 3700 den Atlantik durch-
queren, in einer Unterwasser-Röhre, die auf Stelzen steht."

Zeichne den Zukunftstraum der Ingenieure auf ein Extrablatt.

3. Schritt: Aufgabenstellungen verstehen, Stichworte herausschreiben, Sachverhalte zusammenfassen

1 Braunbären und Eisbären sind verwandt. Wie aber ist aus dem Braunbären ein Eisbär
geworden? Sammle dazu Ideen, stelle Vermutungen an, aktiviere dein Vorwissen:

Wie wurde aus dem Braunbären ein Eisbär?

2 Orientierendes Lesen: Überfliege den Text.

Wie der Braunbär zum Eisbären wurde

[...] Die stammesgeschichtlich jüngste Bärenart, der Eisbär, trennte sich erst im Pleistozän, vor etwa 100.000 Jahren, vom europäischen Braunbären. Während dieser erdgeschichtlich sehr jungen Periode (1,5 Mio. bis 10.000 Jahre vor unserer Zeit) war die Nordhalbkugel einige Male stark vereist.

5 Dazwischen gab es Warmzeiten, in denen die Gletscher zurückgingen. Wissenschaftler vermuten, dass sich die Entwicklung vom Braun- zum Eisbären in etwa so abspielte: Als es vor etwa 200.000 Jahren wieder einmal kälter wurde und die wachsenden Gletscher die Lebensräume der Tiere immer mehr einengten und veränderten, wanderte eine Gruppe von sibirischen

10 Braunbären an die Küste des Polarmeeres. Hier stießen sie auf eine ihnen bis dahin unbekannte Nahrungsquelle: Robben. Die von Norden vorrückende Eiskante hatte sich langsam auf die Küste zugeschoben. Dadurch gerieten auf Eisschollen driftende Meeressäuger in Reichweite der bis dahin nur an Land jagenden Bären. Vielleicht lebten diese zunächst nur von angespülten,

15 toten Tieren. Irgendwann wird ihnen das nicht mehr gereicht haben, und sie begannen, den flinken Flossenfüßern nachzustellen. Im Nordpolarmeer gab es zu dieser Zeit Millionen von Robben, die vor dem Erscheinen des Bären außer dem Schwertwal keine natürlichen Feinde gehabt hatten. Sie waren noch nie von einem landlebenden Tier angegriffen worden und daher zu-

20 nächst auch ziemlich arglos. Für einen geschickten Robbenjäger war dieser neue Lebensraum ein Schlaraffenland. Junge Bären lernten von ihren Müttern die erfolgreiche Form des Nahrungserwerbs.

Mit der Zeit entstand eine neue Lebensweise. Im Laufe der Jahrtausende führte die natürliche Auslese dann zur Entwicklung des heutigen Eisbären.

25 Aus dem Allesfresser wurde mit der Zeit ein reiner Fleischfresser. Als sich das Eis in der nächsten warmen Klimaperiode wieder zurückzog, folgten die Eisbären, die sich mittlerweile auf die Robbenjagd spezialisiert hatten, ihrer Beute auf das Packeis hinaus. Aus dem Landbewohner war ein „Seebär" geworden, der heute mühelos auf, im und am Nordpolarmeer lebt.

30 Bei den heutigen Braunbären variiert die Fellfarbe von hell- bis dunkelbraun. Auch graue Farbtöne kommen vor, wie beim nordamerikanischen Grizzly, dessen Name im Englischen „grauhaarig" bedeutet. Sicherlich wird es auch bei den Vorfahren der Eisbären hellere Tiere gegeben haben. Diese hatten in ihrer eis- und schneebedeckten neuen Umgebung weniger Schwierigkeiten,

 topfit Deutsch – Lesekompetenz 1 © 2007 Oldenbourg Schulbuchverlag

35 sich ungesehen an Beute heranzupirschen. Über Generationen hinweg waren so hellere Bären immer erfolgreicher als dunklere, bis schließlich elfenbeinfarbene und weiße Tiere vorherrschten.

Die extremen klimatischen Bedingungen führten zu weiteren Veränderungen
dieser isoliert lebenden Bären. Zum Schutz gegen die Kälte wurde ihr Fell

40 dichter. Den Braunbären dienten die langen Krallen der Vorderpfoten zum
Graben, bei den Eisbären wurden sie spitzer und kürzer, um damit besser
Robben greifen zu können. An ihren langen Eckzähnen entwickelten sich
schärfere Kanten zum besseren Beißen der nun hauptsächlich aus Fleisch
bestehenden Nahrung. Auch die Pfoten veränderten sich: Fellpolster schüt-

45 zen die empfindlichen Ballen vor der grimmigen Kälte und verhindern das
Ausrutschen, Schwimmhäute zwischen den Zehen der Vorderpranken lassen
die Füße zu Paddeln werden. Das „Erfolgsmodell" Eisbär vermehrte sich im
Lauf der Jahrtausende immer mehr und eroberte neue Lebensräume. Er breitete sich entlang der Packeisgrenze rund um den Nordpol aus und besiedelt

50 heute die gesamte Arktis. [...]

3 Erste Einschätzung: Worüber informiert der Text? Kreuze zutreffende Aussagen an.
Der Text informiert

a) über die Verwandtschaft zwischen den verschiedenen Braunbären. ☐

b) darüber, wie sich der Eisbär an seinen Lebensraum angepasst hat. ☐

c) darüber, wieso sich eine Braunbär-Gruppe plötzlich für Robben interessierte. ☐

4 Intensives Lesen: Lies dir den Text sorgfältig durch und achte auf Zwischenstopps
beim Lesen, in denen du eventuelle Unklarheiten klärst und dir den Inhalt des Abschnittes verdeutlichst.

5 Der Text besteht aus zwei großen Teilen. Wo beginnt der zweite Teil? Markiere die
Stelle im Text.

6 Bearbeite die Zeilen 6–22: Wie erklären sich Wissenschaftler die Entwicklung vom
Braunbären zu Eisbären?

- Mach dir dazu zunächst die Aufgabenstellung klar: Was genau ist deine Aufgabe?

_____

_____

- Unterstreiche – wie vorgegeben – dazu alle Textstellen, die etwas über die
   Entwicklung vom Braunbären zum Eisbären aussagen.
- Markiere die Wörter, die in den unterstrichenen Textstellen besonders wichtig sind
   (vgl. Schlüsselwörter). Schreibe sie als Stichworte heraus.

vor etwa 200 000 Jahren, wachsende Gletscher, eingeengte Lebensräume der
Braunbären,

7 Stelle die Entwicklung in einer Übersicht dar. Verwende dazu deine Stichworte und
denke dabei an die zeitliche Reihenfolge.

vor 200 000 Jahren   wachsende Gletscher engten den Lebensraum ein

↓

sibirische Braunbären wanderten zur Küste des Polarmeeres

↓

↓

↓

↓

↓

↓

Texte zusammenfassen

8 *Partnerarbeit:* Vergleicht zu zweit eure Übersichten und bewertet sie. Stellen sie die
Entwicklung verständlich dar? Verbessere die Stellen, die dir noch zu unverständlich
erscheinen.

9 Fasse die Aussagen des Zeitstrahls in einem kurzen Text zusammen. Schreibe pro
Schritt auf dem Zeitstrahl höchstens einen Hauptsatz und einen Nebensatz oder zwei
Hauptsätze.

10 Wieso hat aber der Eisbär ein weißes Fell? Suche die Angaben im Text und schreibe
sie in Stichworten heraus.

11 Stelle in einer Tabelle zusammen, wie sich der Eisbär im Laufe seiner Entwicklung an die klimatischen Bedingungen angepasst hat und welchen Vorteil diese Anpassungen mit sich brachten. Bearbeite dazu den letzten Abschnitt des Textes in der eingeübten Weise.

Anpassungen an die klimatischen Bedingungen	Vorteil
helle Fellfärbung	erfolgreicherer Beutefang

12 Suche dir eine Partnerin/einen Partner. Erklärt euch gegenseitig die Sachverhalte möglichst verständlich. Nutzt dazu die Übersicht aus Aufgabe 8 und verbindet sie mit den Informationen aus dem zweiten Teil des Textes. Der Zuhörer sollte dich nicht unterbrechen, darf aber im Anschluss – falls notwendig – Rückfragen stellen. Wichtig ist aber die Rückmeldung für dich, was dem Zuhörer gut gefallen hat!

13 Fasse deine Ergebnisse der Aufgaben 9–11 in einem kleinen Text zusammen. Schreibe bei Platzmangel auf einem Extrablatt weiter.

topfit Deutsch – Lesekompetenz 1 © 2007 Oldenbourg Schulbuchverlag

1 Orientierendes Lesen: Verschaffe dir zunächst einen Überblick und überfliege den Text.

Schokolade

Es ist unerträglich heiß und feucht auf der Kakao-
plantage in Serebuorso. Über dem kleinen Dorf
im Urwald von Ghana, einem Land in Westafrika,
wabert der Dunst. Die Bauern der Genossenschaft
5 sind schon seit dem frühen Morgen unterwegs,
um die Kakaofrüchte an den Bäumen zu schütteln. Schütteln? Genau, am Geräusch können die
Männer erkennen, ob sich die Kakaobohnen vom
Fleisch gelöst haben. Dann sind die Früchte reif
10 und werden geerntet. Eine anstrengende Arbeit!
Die Kakaobauern von Serebuorso schwitzen in
der schwülen Hitze. Eine Frucht nach der anderen pflücken sie von den Bäumen.
Zurück im Dorf schneiden die Bauern sie auf und
15 kratzen das helle, süße Fruchtfleisch mit den jeweils rund 40 bis 50 Bohnen darin aus den Schalen. Für die Herstellung von Schokolade eignet es
sich allerdings nicht. Deshalb wollen die Bauern
das Fruchtfleisch so schnell wie möglich loswer-
20 den. Sie breiten es samt den Bohnen in der Sonne
aus und decken das Ganze mit Bananenblättern
zu. Drunter beginnt es nun mächtig zu gären, bis
das Fruchtfleisch nach spätestens einer Woche
vollständig zersetzt ist. Den Bohnen dagegen hat
25 diese Behandlung nichts ausgemacht – im Gegenteil: Waren sie vorher noch unangenehm bitter,
hat sich ihr Geschmack sogar spürbar verbessert.
Auch ihre Farbe ähnelt schon dem Endprodukt:
dunkelbraun statt cremefarben. Anschließend
30 werden die Bohnen in der heißen Sonne getrock-
net, gesiebt, nach Größen sortiert und verpackt.
In Säcken gelangen die Kakaobohnen schließlich
mit dem Schiff von Ghana aus in die Länder, die
daraus Schokolade machen. Die meisten Frachter
35 schippern nach Europa und in die USA. Allein
in Deutschland kommen jährlich rund 250 000
Tonnen Kakaobohnen an. Fast ein Achtel davon
stammt aus Ghana.
In der Schokoladenfabrik werden die Kakaoboh-
40 nen nach ihrer langen Reise als Erstes noch einmal gereinigt. Ein kräftiges Gebläse befreit sie
von Sand und Schmutz.
Danach geht es in die Röstmaschinen. Erst jetzt,
bei einer Temperatur von bis zu 150 Grad Celsius,

45 entwickeln sich die typischen Aromastoffe, die
später den Schokoladengeschmack ausmachen.
Wie das duftet! Die gerösteten Bohnen werden
grob gemahlen und dabei von ihren Schalen befreit. Übrig bleibt – eine Art grobes Mehl? Von
50 wegen! Flüssiger Brei läuft aus der Mühle! Das
liegt daran, dass das Fett in den Bohnen, die Kakaobutter, beim Erhitzen und Mahlen freigesetzt
wird.
Dieser Brei lässt sich nun gut mit den Zutaten mi-
55 schen, die die Schokolade süß und lecker machen:
Je nach Sorte sind das unterschiedliche Mengen
an Zucker, Milchpulver und Aromastoffen wie
Vanillin. Außerdem Lecithin, ein sogenannter
Emulgator. Der hilft, dass sich Fett und Wasser
60 miteinander verbinden.
Noch aber sind die Bohnenstückchen in dem Ge-
misch recht groß. So etwas könnte man niemals
genießerisch auf der Zunge zergehen lassen! Deshalb wird die Masse in einem speziellen Walz-
65 werk so fein gemahlen, dass kein Körnchen mehr
zu spüren ist.
Dafür entsteht ein anderes Problem: Die Scho-
koladenmasse ist auf einmal nicht mehr flüssig
– sondern ganz bröckelig. Das hat mit Physik zu
70 tun: Unter dem Mikroskop betrachtet, sieht die
Oberfläche der Kakaostückchen aus wie eine
Landschaft mit Bergen und Tälern. Beim Walzen
ist die Kakaobutter in diese Furchen hineingelaufen und sozusagen darin verschwunden. Um
75 sie wieder herauszubekommen, wird die Masse
in einem großen Bottich noch einmal langsam
erwärmt und stundenlang gerührt. Dadurch läuft
das Fett wieder aus den Tälern heraus, legt sich
um die Kakaostückchen, und die Schokoladen-
80 masse wird schön geschmeidig. Allerdings ist sie
noch immer flüssig. Damit sie nicht als braune
Sauce im Supermarkt ankommt, wird die Schokolade in Formen gegossen und gekühlt.
Letzter Schritt in der Fabrik: verpacken. Auch
85 das erledigt eine Maschine. Der Mensch ist erst
ganz zum Schluss wieder gefragt. Wenn es darum
geht, die leckeren Tafeln aufzuessen.

2 Worüber informiert der Text? Kreuze Zutreffendes an.

Ernte der Kakaofrüchte ☐   Pflücken der Kakaobohnen ☐

Kaloriengehalt von Schokolade ☐   Herstellung von Schokolade ☐   Punktzahl: _____ (4)

3 Gliedere den Text in *Abschnitte*. Wie viele sind es? Kreuze an.

Anzahl der Abschnitte: 4 ☐   5 ☐   6 ☐   7 ☐   8 ☐   Punktzahl: _____ (1)

4 Treffen die folgenden *Überschriften* den Kerngedanken eines Abschnitts? Falls ja, trage die entsprechende Nummer des Abschnitts ein.

Überschrift	passt zu keinem Abschnitt	passt zu Abschnitt Nr.
a) Der Reifetest durch Hören	☐	_____
b) Das Trocknungsverfahren der Kakaofrucht	☐	_____
c) Die Aufbereitung der Kakaofrucht in der Schokoladenfabrik	☐	_____
d) Herstellungsschritt: Mahlen der Bohnenstückchen	☐	_____

Punktzahl: _____ (4)

5 Bearbeite den Text für folgende Aufgabenstellung:
Von der Kakaofrucht bis zum Versand – Nummeriere die einzelnen Schritte in der richtigen Reihenfolge.

Von der Kakaofrucht bis zum Versand

_____ Sieben der Bohnen

_____ Abdecken mit Bananenblättern

_____ Auskratzen der Kakaofrucht

_____ Sortierung der Bohnen nach Größe

_____ Gärung in der Sonne

_____ Ernte der reifen Kakaofrucht

_____ Trocknen der Bohnen in der Sonne

_____ Verpacken der Bohnen in Säcke

_____ Ausbreiten von Fruchtfleisch und Bohnen in der Sonne

Punktzahl: _____ (9)

topfit Deutsch – Lesekompetenz 1 © 2007 Oldenbourg Schulbuchverlag

6 Lies dir die beiden folgenden Sätze des Textes noch einmal genau durch.
„Unter dem Mikroskop betrachtet, sieht die Oberfläche der Kakaostückchen aus wie
eine Landschaft mit Bergen und Tälern. Beim Walzen ist die Kakaobutter in diese
Furchen hineingelaufen und sozusagen darin verschwunden." (Z. 70–74)

Kreuze an, welche Aussagen in diesen Sätzen enthalten sind.

a) Die Oberfläche der Kakaostückchen ist uneben. ☐

b) Nach dem Walzen ist die Kakaobutter verschwunden. ☐

c) Unter dem Mikroskop kann man die glatte Oberfläche der Kakaostückchen genau erkennen. ☐

d) Die Kakaobutter läuft beim Walzen in die Furchen der Oberfläche hinein. ☐

Punktzahl: _____ (4)

7 Lies das Säulendiagramm.

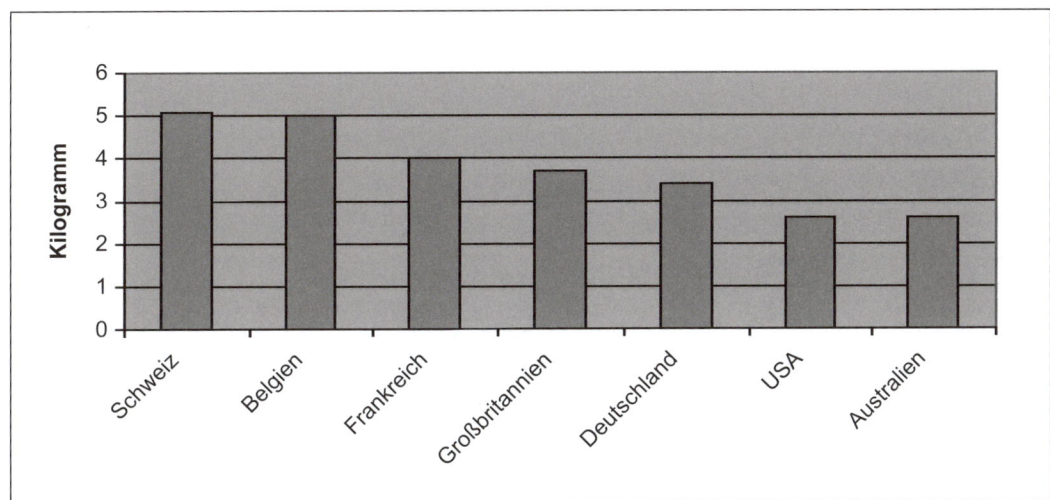

**Pro-Kopf-Verbrauch an Kakaobohnen
Angaben für 2004/2005**

8 Worüber informiert das Säulendiagramm? Kreuze Zutreffendes an.

a) Das Säulendiagramm zeigt, wie viel Kilogramm Kakaobohnen in unterschiedlichen
Ländern im Jahr 2004/2005 verbraucht wurden. ☐

b) Das Säulendiagramm zeigt für das Jahr 2004/2005 den durchschnittlichen Verbrauch
an Kakaobohnen pro Einwohner des jeweiligen Landes. ☐

Punkte: _____ (2)

9 Welche Aussagen stimmen?

a) Der Pro-Kopf-Verbrauch an Kakaobohnen ist in Belgien geringer als in der Schweiz. ☐

b) Der Pro-Kopf-Verbrauch an Kakaobohnen ist in den USA und in Australien gleich hoch. ☐

c) Der Pro-Kopf-Verbrauch ist in Großbritannien höher als in Frankreich. ☐

Punkte: _____ (3)

10 Eignet sich das Säulendiagramm zur Einbindung in den Text?

☐ Ja, z. B. nach Z. _____

☐ Nein

Begründung:

_____

_____

_____

_____

_____

Punktzahl: _____ (3)

Summe: _____ (30)

Auswertung

30 – 21 Punkte: Glückwunsch!
Du hast ein gutes Ergebnis erreicht.
Werte für dich die Aufgaben aus. In welchen Bereichen könntest du dich noch verbessern? Arbeite die entsprechenden Übungseinheiten noch einmal durch.

20 – 11 Punkte: Nicht schlecht ...,
aber du solltest dich noch verbessern.
Werte die Aufgaben für dich aus und wiederhole die Übungseinheiten, bei denen dir Punkte fehlen. Du kannst die Texte dieses Kapitels auch für eigene Aufgabenstellungen nutzen und dich so trainieren.

10 – 0 Punkte: Schade ...,
aber Du kannst es bestimmt besser, wenn du noch einmal mit den Texten dieses Kapitels trainierst. Konzentriere dich und achte auf die Aufgabenstellungen, damit du gezielt Informationen entnehmen kannst.

Einführung
Grundlagen beherrschen
Genaues Lesen – Aufgabenstellungen verstehen
Seite 5/6

1

z. B.: Ergänze ein passendes Wort aus dem Wortspeicher.
Überfliege den Text. Lies den Text sorgfältig durch.

2/3

Aufgabenstellung	Das ist meine Aufgabe
a) Unterstreiche im Text alle Nomen und schreibe sie mit Artikel heraus.	1. Ich muss alle Nomen, die in dem Text vorkommen, unterstreichen. 2. Ich muss alle Nomen mit Artikel herausschreiben.
b) Lege eine Tabelle an und trage die Verben aus dem Text mit den dazugehörenden Infinitiven ein.	1. Ich muss eine Tabelle mit zwei Spalten anlegen. 2. Ich muss in die eine Spalte alle Verben des Textes und in die andere Spalte die passenden Infinitive eintragen.
c) Lies dir den Text sorgfältig durch. Schreibe die unbekannten Wörter heraus und erkläre sie (z. B. mithilfe des Wörterbuches).	1. Ich muss den Text sorgfältig durchlesen. 2. Ich muss die unbekannten Wörter herausschreiben. 3. Ich muss die Bedeutung dieser Wörter erklären (z.B. in einem Wörterbuch nachschlagen).
d) Lies dir den Sachtext über die Herstellung von Glasflaschen sorgfältig durch und veranschauliche den Herstellungsprozess in einem Schaubild.	1. Ich muss den Text sorgfältig durchlesen. 2. Ich muss den Herstellungsprozess in einem Schaubild übersichtlich darstellen.
e) Handelt es sich bei diesem Text um ein Märchen? Begründe ausführlich deine Meinung.	1. Ich muss klären, ob es sich bei dem Text um ein Märchen handelt. 2. Ich muss meine Meinung ausführlich begründen.

Seite 6

4

b)

Seite 7

5

Aufgabe a:

1. Ich muss die Bilder ausschneiden.
2. Ich muss die richtige Reihenfolge herausfinden.
3. Ich muss die Bilder in der richtigen Reihenfolge in mein Heft kleben.
4. Ich muss zu den Bildern eine passende Geschichte aufschreiben.

Aufgabe b:

1. Ich muss eine Tabelle mit zwei Spalten (geschätztes Gewicht – tatsächliches Gewicht) anlegen.
2. Ich muss schätzen, wie viel die Schultasche mit Schulutensilien wiegt.
3. Ich muss diesen Wert in die entsprechende Spalte der Tabelle eintragen.
4. Ich muss die Schultasche mit Schulutensilien wiegen.
5. Ich muss den Wert in die entsprechende Spalte der Tabelle eintragen.
6. Ich muss diese Schätz- und Wiegevorgänge für die leere Schultasche wiederholen.

Aufgabe c:

1. Ich muss jeden Buchtitel sorgfältig lesen.
2. Ich muss prüfen, welche Informationen der Titel enthält.
3. Ich muss bei jedem Buchtitel entscheiden, ob sich das Buch für das Referat eignet.
4. Ich darf nur die passenden Buchtitel ankreuzen.
5. Ich muss meine Entscheidung begründen.

Seite 8

1

a), c), f), h)

2

Sind mehrere Möglichkeiten anzukreuzen, wird in der Aufgabenstellung eine Pluralform verwendet.

3

eine Antwort: c), d), f)
mehrere Antworten: a), b), e)

4

a), c)

5

a)–d)

Lesetraining
Lesetechniken lernen und verbessern
Das Lesetempo steigern – mal schnell, mal langsam
Seite 9
1

Mann: Kochbuch Punker: Hundebuch
Frau: Zaubertricks alte Frau: Krimi
Junge: Lexikon alter Mann: Zeitung/Zeitschrift

2

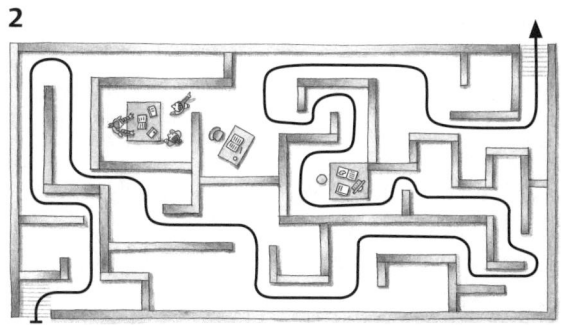

Orientierendes Lesen – Schnell einen Überblick gewinnen
Orientierendes Lesen I – einzelne Wörter

Verdrehte Wörter
Seite 11
1

a) Wochen, Geburtstag, Planungen
b) Freundinnen, Freunde
c) Einladungen, lustig
d) Musik, Stimmung
e) Kuchen, gegessen
f) Nachmittag, unternehmen, Schlafanzugparty
g) spannenden, Nachtwanderung, Gespenstergeschichten

2

Musik, unternehmen, Schlafanzugparty, Stimmung, gegessen, Kuchen, Geburtstag, Nachtwanderung

4

Wochen, Planungen, Freundinnen, Freunde, Einladungen,
lustig, Nachmittag, spannenden, Gespenstergeschichten

Seite 12
5

Geschenk-Gutschein
Herzlichen Glückwunsch! Der Inhaber dieses Geschenk-
Gutscheins darf sich auf einen aufregenden Nachmittag
freuen. Es stehen zur Auswahl:
a) Erlebnis-Zoo
b) geheimnisvolle Unterwasserwelt
c) Abenteuer-Spielplatz
d) Kanutour mit Picknick
e) Theater für Kinder (hinter den Kulissen)
f) der neue Kinofilm mit deinen Lieblingsschauspielern

7

Ein junger Mann hat seine Fahrprüfung bestanden. Stolz
erfüllt er sich seinen Traum und kauft sich einen roten
Sportwagen. Gleich am nächsten Tag fährt er mit ka-
puttem Getriebe in die Autowerkstatt. Der Mechaniker
fragt entsetzt: „Junger Mann, das ist ein empfindlicher
Sportwagen! Was haben Sie mit dem Wagen gemacht?"
„Eigentlich nichts Besonderes. Ich habe eine kleine
Spritztour gemacht und wollte vor dem Haus meiner
Freundin nur kurz beschleunigen." „Nur beschleunigen?
Wie schalten Sie denn bloß?" „Wieso? Gang 1–2–3–4–5.
Und dann R wie Rallye-Gang."

8

b)
Begründung: In einer Bedienungsanleitung werden alle
wichtigen Abkürzungen erklärt.

Seite 13
9

Fahrprüfun**g**, Sportwag**e**n, Autowerks**t**att, **T**raum,
Spri**t**ztour, Mechanik**e**r, **b**eschleunigen, schalt**e**n.
Lösungswort: Getriebe

Wörter aus dem Zusammenhang erschließen
1

Kasse: g), Tasse: j), Masse: i), Trasse: f), Klasse: h), Rasse:
d), Gasse: a), Insasse: e), Grimasse: c), Terrasse: b)

Seite 14
3

b) Elefant, c) Giraffe, d) Löwe, e) Zebra

4

Boden, Gespenster, Gespenster, fällt, vorwurfsvoll,
Mama, Gespenster, Nirgendwo, gefährlich, blaue, Kegel,
Kegel, flüsterte, unterhalten, kegeln

Seite 15
5

richtig: a), b), f), g)
falsch: c), d), e)

Orientierendes Lesen II - zusammenhängende Texte
Texte mithilfe von Haltepunkten überfliegen
Seite 15
2

Die Geschichte der Seefahrt, Berühmte Seefahrer

Seite 16
3

Die großen Entdecker – 2

Die wohl bekannteste Entdeckungsreise im Auftrag

der spanischen Krone machte der Italiener Christoph

Kolumbus. Als er 1492 in Amerika an Land ging, war er

der festen Meinung, er habe den westlichen Seeweg nach Indien entdeckt. Daher stammt auch der Name „Indianer" für die Ureinwohner Nordamerikas. Der erste Entdecker, der Indien mit dem Schiff erreichte, war der Portugiese Vasco da Gama. Er umsegelte 1497 das Kap der Guten Hoffnung an der Spitze Südafrikas.

4

richtig: d)
falsch: a)–c)
Maximale Punktzahl: 4

5

Die großen Entdecker – 3

Den westlichen Seeweg in den Pazifik befuhr schließlich der Portugiese Ferdinand Magellan. 1519 startete er mit fünf Schiffen und 241 Männern. Weder Stürme, Krankheiten, Hunger noch Meuterei konnten ihn aufhalten. Auf den Philippinen starb Magellan bei einem Kampf mit Einheimischen. 1522 kehrte unter Führung seines Steuermanns ein Schiff mit 19 Mann zurück. Die erste Weltumseglung war vollbracht und galt als endgültiger Beweis dafür, dass die Erde eine Kugel ist. Weitere wichtige Entdeckungsreisen unternahm der Engländer James Cook. Er leitete von 1768 bis 1799 drei Expeditionen in den Pazifik, besuchte Australien, Neuseeland und Hawaii.

Seite 17
6

richtig: a), d) e)
falsch: b), c)
Maximale Punktzahl: 5

7

richtig: a), b), d)
falsch: c)

Seite 18
11

trifft zu: a), c), d)
trifft nicht zu: b), e)

Orientierendes Lesen III – das Druckbild beachten
Abschnitte und Hervorhebungen 1
Seite 19

1

Der Text besteht aus drei Abschnitten.

3

zutreffende Aussagen: a), b), c)

Abschnitte und Hervorhebungen 2
1

Der Text besteht aus vier Abschnitten.

Seite 20
2

1. Abschnitt: Papier und Wespennest – kein Unterschied
2. Abschnitt: Aussehen der Papierwespe
3. Abschnitt: Papierherstellung durch Königin
4. Abschnitt: Aufbau eines Wespennests

4

b) Abschnitt: 4, Z. 14-16
c) Abschnitt: 1, Z. 1-3
d) Abschnitt: 2, Z. 4-8

Seite 21
5

a) Nur wenige Königinnen gründen in einem alten Nest eine neue Familie. (3)
b) Die Königin legt in jede Zelle ein Ei. (4)
c) Hornissen werden bis zu 35 mm groß. (2)
d) Die Königin baut das Nest an einem geeigneten Balken oder in einem hohlen Baumstamm. (3)
e) Beides sieht gleich aus und fühlt sich ähnlich an. (1)

Abschnitte und Hervorhebungen 3
1

Der Text hat acht Abschnitte.

Seite 22
2

3. Abschnitt, Z. 7-8: **der wichtigen Handelsrouten Schiffe auszubeuten**
4. Abschnitt, Z. 12: **Das Leben an Bord eines Piratenschiffs war hart.**
5. Abschnitt, Z. 17: **Piraten konnten sehr reich werden**
6. Abschnitt, Z. 21: **Gegen Piraterie gab es strenge Gesetze**
7. Abschnitt, Z. 25: **Piratenschätze**
8. Abschnitt, Z. 33-34 **Schätze gesunkener Schiffe**

4

Vorschläge für Überschriften:
Abschnitt 1: Piraten und ihre verschiedenen Namen
Abschnitt 2: Aus der Geschichte der Piraten
Abschnitt 3: Raubzüge der Piraten
Abschnitt 4: Das Leben an Bord
Abschnitt 5: Reiche Beute
Abschnitt 6: Gesetze gegen Piraterie
Abschnitt 7: Verschwundene Piratenschätze
Abschnitt 8: Suche nach Schätzen in gesunkenen Schiffen

Seite 23

5

a) Doch meist nahmen die Piraten ihr Geheimnis über das Versteck mit ins Grab. (Zeile: 27-28)
b) Doch die Suche nach ihnen ist teuer und aufwändig. (Zeile: 35)
c) Die Beute wurde meist gerecht unter der Mannschaft aufgeteilt. (Zeile: 17-18)
d) Es herrschten strenge Regeln. (Zeile: 14)
e) Sie kaperten im Auftrag von Königen oder Regierungen Handelsschiffe fremder Länder. (Zeile: 22-24)

Orientierendes Lesen IV – gezielt Informationen entnehmen
Auf den Inhalt schließen
Seite 23

1

Der Titel des Buches lautet: Papier wächst nicht auf Bäumen.

2

a), b), d)

Seite 24

3

Das Buch ist zur Vorbereitung des Referates nicht geeignet, weil es keine Informationen zu „Waldbäumen" enthält.

5

a) Nein; <u>Begründung</u>: Nein, weil es sich um einen Roman für Jugendliche handelt.
b) Ja; <u>Begründung</u>: Dieses Buch könnte Informationen für das Referat enthalten, da Segelschiffe und Windjammer vorgestellt werden. Die Erinnerungen der Seefahrer können das Referat auflockern (Spannung, Unterhaltung, realistische Schilderungen von dem Leben an Bord ...).
c) Ja; <u>Begründung</u>: Dieses Buch ist für das Referat gut geeignet. Es stellt bedeutende Seefahrer vor, enthält Abbildungen und Land- bzw. Seekarten.
d) Nein; <u>Begründung</u>: Das Buch informiert über moderne Berufe in der Seefahrt und ist für das Referat nicht geeignet.

Seite 25

6

a) Buch 3
Begründung: In diesem Buch sind Rezepte, Spiele und Rätsel für eine Piraten-Party enthalten.
b) Buch 1
Begründung: Es klingt spannend, weil Steffi und ihre Schwester Nelli ohne ihre Eltern nach Schweden reisen müssen und die Reise anders als geplant verläuft.
c) Buch 2 oder 3
Begründungen:

Buch 2: Mit diesem Naturführer kann man herausfinden, welche Pflanzen und Tiere am Strand leben und wie sie heißen.
Buch 3: Auf der Klassenfahrt könnte man eine Piraten-Party mit der Klasse feiern.

Gesamtübung I
Seite 26

1

zutreffend: a), c), d), f), h)
nicht zutreffend: b), e), g)
Punktzahl: max. 8

2

f) und i)
Punktzahl: 1

3

a), d)
Punktzahl: 2

Seite 27

4

Bücherwurm
Punktzahl: 1

Literarische Texte verstehen
Orientierendes Lesen
Texten Informationen entnehmen
Fragen an einen Text stellen
Seite 28

1

Wichtige W-Fragen: Wer? Wo? Wann? Was? Wie? Warum?

2

Wer? Wo? Wann?

3

Wer ist beteiligt? Was ist passiert?

Auf den Anfang eines Textes kommt es häufig an
1. Schritt: Informationen sammeln, Antworten heraussuchen
Seite 29

1

b), c), d)

3

a) **Wer** ist beteiligt? Die Schildbürger.
b) **Wo** lebten die Schildbürger? In Schilda, einer Stadt mitten in Deutschland.
c) **Wann** lebten die Schildbürger? Im Mittelalter.

4

Beispielfrage: Warum heißen die Schildbürger Schildbür-ger? Weil sie in Schilda leben.

5

Die Schildbürger sind merkwürdige Leute, weil sie alles verkehrt machten. Sie nahmen alles wörtlich.

Seite 30
6

Warum stellten sie sich dumm?

7

Ein Schildbürger hätte versucht, sich einen Zahn zu ziehen.

8

Die Redewendung meint, dass man sich beeilen soll. Die ursprüngliche Bedeutung kommt von den früheren Feu-er- bzw. Kochstellen in der Küche. *Einen Zahn zulegen* hieß, den Topf einen Zahn an der Kette tiefer zu hängen. Dadurch hing er näher am Feuer und wurde heißer.

2. Schritt: Informationen sammeln, Fragen stellen
Seite 31
2

Frage:	Antwort:
Wann spielt das Märchen?	In alter Zeit.
Wo spielt das Märchen?	In Ming, Mang und Mung.
Wo liegen die Städte?	An dem Fluss Yang.
Wer ist beteiligt?	Die Bürgermeister Pang, Ping und Pung.
Wo trafen sich die Bürger-meister?	Im Wirtshaus der Stand Ming.
Was taten sie?	Sie tranken chine-sischen Wein und spielten mit Hölzern und Dominosteinen.

4

a) Pung; b) Pang; c) Ping

Seite 32
5

a) **Frage**: Wie heißt der Zauberer? **Antwort:** Der Zaube-rer heißt Li.
b) **Frage:** Wo liegt die Stadt Ming? **Antwort:** Die Stadt Ming liegt genau in der Mitte zwischen Mang und Mung.
c) **Frage**: Worüber unterhielten sich die drei Bürgermei-ster? **Antwort:** Die drei Bürgermeister unterhielten sich über ihre Lieblingsspeisen.
d) **Frage**: Was wünschte sich der Bürgermeister Pung? **Antwort:** Jeder Bewohner der Stadt Mung soll so viele Bücher bekommen, wie er Haare auf dem Kopf hat.

3. Schritt: Informationen auswerten, Fragen stellen, Antworten suchen
Seite 33
2

a) Schulz; b) Balkanspieß; c) Dr. Schöffler; d) Restaurant «Pfanne»

3

Frage:	Antwort:
Was ist passiert?	Einbruch
Wo wurde eingebrochen?	Schöffler-Villa
Was wurde gestohlen?	mehrere Gemälde
Wer wird verdächtigt?	ein Einbrecher, genannt „Die Schnecke"
Warum wird er verdäch-tigt?	Die Polizei erkannte an Essensresten in der Küche, dass der Einbre-cher dort gegessen haben muss. Dies ist typisch für „Die Schnecke".

Seite 34
5

a) *Die Schnecke* war angeblich im Krankenhaus bei seiner Mutter.
b) Die Nachtschwester konnte dies bezeugen.
c) *Die Schnecke* hätte nicht erzählen dürfen, dass die Polizei bei der Durchsuchung seiner Wohnung weder Bilder noch Goldfigur gefunden hat.

6

Frage 1: Wer ist Balduin Pfiff?
Frage 2: Wann hat Balduin Pfiff bemerkt, dass das Alibi nicht stimmt?
Frage 3: Warum wird der Einbrecher *Die Schnecke* ge-nannt?

Zwischenstopps einlegen und unbekannte Wörter klären
1. Schritt: Zwischenstopp – den Text in kleinen Portionen lesen
Seite 36
3

kapital: b)
Büchse: 2.

4

c), d), e)

6

b), d)

Seite 37

7

Die Jagdgeschichte ist erfunden, da einem Hirsch kein Kirschbaum zwischen dem Geweih wachsen kann.

2. Schritt: Zwischenstopp – Fragen stellen und beantworten, Texte viusalisieren

Seite 37

2

a) Münchhausen entdeckte ein paar Dutzend Wildenten.
b) Die Wildenten schwammen auf einem kleinen See.

3

Warum wollte Münchhausen nicht auf eine Ente schießen? Münchhausen wollte nicht auf eine Ente schießen, weil dann alle anderen weggeflogen wären.
Wie verlängerte Münchhausen die Hundeleine? Er zerlegte die Leine und knotete die einzelnen Teile aneinander.
Was band er an die Leine? Münchhausen band an das eine Ende der Leine ein Stück Schinkenspeck.

Seite 38

6

1. Er zog die Enten an Land.
2. Er wickelte die Leine um sich.
3. Er steuerte die Enten landeinwärts.
4. Er tötete die Enten.
5. Er sank durch den Schornstein und landete auf dem Küchenherd.

Seite 39

7

a) Die Aussage trifft nicht zu. Münchhausen hat es so erzählt: Ich steuerte die Enten landeinwärts.

9

Münchhausen hat insgesamt fünf Lügen erzählt.
Lüge 1: Da er sehr glatt und schlüpfrig war, kam er bald samt dem Faden an der Rückseite der Ente wieder heraus.
Lüge 2: Auch bei ihr tauchte es kurz darauf hinten wieder auf, und so ging es weiter! Der Speck machte seine Reise durch alle Enten hindurch, ohne dass die Leine riss, und sie waren daran aufgereiht wie die Perlen an einer Schnur.
Lüge 3: Die Enten waren sehr schwer, und ich war schon recht müde, da begannen die Enten, die ja alle noch lebendig waren, plötzlich mit den Flügeln zu schlagen und stiegen in die Luft! Mit mir!
Lüge 4: Sie schienen zu dem See zurückfliegen zu wollen, aber ich benutzte meine langen Rockschöße als Ruder, und so mussten die Enten umkehren. Ich steuerte sie landeinwärts, bis wir nicht mehr weit von meiner Wohnung waren.
Lüge 5: ... und so sank ich sanft und langsam auf mein Haus herunter, mitten durch den Schornstein und haargenau auf den Küchenherd, wo die Enten ja hin sollten.

10

a)

Seite 40

11

Begründung: Wenn jemand in der Ich-Form etwas erzählt, geht man immer davon aus, dass er es selbst erlebt hat. Dies hat Münchhausen geschickt genutzt.

3. Schritt: Zwischenstopp – längere, zusammenhängende Texte in Portionen lesen

Seite 40

2

a) die Schildbürger; b) in Schilda; c) eines schönen Tages; d) Das Salz wurde knapp.

3

a), c), d)

Seite 42

5

1. Die Schildbürger säten Salz aus.
2. Das Salzkraut wuchs und wurde bewacht.
3. Die Schildbürger vertrieben das Vieh aus dem Nachbardorf.
4. Das Salzkraut konnte nicht geerntet werden.
5. Statt Salzkraut wuchsen Brennnesseln.
b) Die Aussage trifft zu.

8

„Sie streuten die Hälfte des Salzvorrats auf den Acker, stellten Wachposten mit langen Blasrohren auf"
„Und die Schildbürger rechneten schon nach, wie viel Salz sie ernten würden."
„Man trug, zu viert, den Schmied mit seiner Gerte über den Acker"

9

Ja, sonst hätten sie z. B. gewusst, dass man Salz nicht aussäen kann.

Vorübungen für Textzusammenfassungen I
Den Inhalt eines Textes sichern – Abschnitte zusammenfassen I
1. Schritt: Kernaussagen unterstreichen – Überschriften zuordnen

Seite 43

1

Die Fabel hat vermutlich 4 Abschnitte.

2

1. Abschnitt: Z. 1-3
2. Abschnitt: Z. 4-6
3. Abschnitt: Z. 7-9
4. Abschnitt: Z. 10-11

topfit Deutsch – Lesekompetenz 1 © 2007 Oldenbourg Schulbuchverlag

3

Jetzt erst … (Z. 7); Aber der Igel … (Z. 10)

4

Wer? Igel und Maulwurf.
Wann? Kurz vor dem Winter.
Was? Der Igel bat den Maulwurf, in dessen Höhle überwintern zu dürfen.

Seite 44

5

b)

6

Die Bitte des Igels steht in diesem Abschnitt im Mittelpunkt. Im ersten Abschnitt erfährt der Leser noch nicht, ob der Maulwurf hilfsbereit ist und dem Igel gestattet, in seiner Höhle zu überwintern.

7

Z. 4f.: Igel … machte … es sich bequem, breitete sich aus … sein Wirt stach sich …
Z. 7f.: Maulwurf … Übereilung … bat … Igel wieder hinauszugehen
Z. 10f.: Igel sprach: … Ich … bin … zufrieden und bleibe.

8

„Der arme Maulwurf" oder „Vorsicht, überall Stacheln!": Abschnitt 2
„Die Bitte des Maulwurfs": Abschnitt 3
„Der rücksichtslose Igel": Abschnitt 4

9

a), e)

10

a) Der Maulwurf hat sich seine Entscheidung vorher nicht sorgfältig überlegt, sonst hätte er bemerkt, dass seine Höhle für zwei zu klein ist. Aus dieser Fabel kann man lernen, dass man nicht vorschnell wichtige Entscheidungen treffen, sondern in Ruhe darüber nachdenken sollte.

e) Der Maulwurf war gutmütig und hat nicht mit der Frechheit des Igels gerechnet. Aus dieser Fabel kann man lernen, dass es wichtig ist, zu prüfen, wem man hilft.

11

„Dies ist aber meine Höhle, du bist hier zu Gast!"

2. Schritt: Den Text in Abschnitte einteilen – Überschriften formulieren
Seite 46

2

b), c), g), h), j), k), l)

3 / 4

Z. 8: „Sieben lange Jahre", „eines Tages"
Z. 12: „klopfte bald"
Z. 17: „Am Tag der Verhandlung"
Z. 28: „Dann wandte"

5

Kerngedanken 2. Abschnitt:
„saß er im Sattel eines edlen schwarzen Pferdes" (Z. 9)
„Gold- und Silbermünzen" (Z. 10)
„Die Nachricht von seinem Reichtum verbreitete sich schnell im ganzen Dorf." (Z. 10f.)

Kerngedanken 3. Abschnitt:
„Der Händler […] verlangte fünfhundert Silbermünzen zur Begleichung der alten Schuld." (Z. 12-14)
„Ali Abu weigerte sich, […] die Streitfrage endete vor dem Kadi […]." (Z. 14-16)

Kerngedanken 4. Abschnitt:
„… aus den zehn Eiern, die er vor sieben Jahren auf Kredit bei mir gekauft hat, zehn Küken hätten ausgebrütet werden können." (Z. 22f.) „bis ich in sieben Jahren einen riesigen Hühnerhof gehabt hätte." (Z. 25f.)

Kerngedanken 5. Abschnitt
„Ich hatte am Mittag einen Teller gekochter Erbsen übrig, die habe ich noch schnell im Garten ausgesät, damit ich sie nächstes Jahr ernten kann!" (Z. 31-33)
„seit wann keimen und wachsen denn gekochte Erbsen?" (Z. 34f.)
„Seitdem aus gekochten Eiern Küken ausgebrütet werden." (Z. 36f.)
„so gewann Ali Abu den Prozess." (Z. 38)

6

Abschnitt 1: a); Abschnitt 2: a); Abschnitt 3: b)

Seite 47

7

Abschnitt 4 (Z. 17-27): Die Rechtfertigung des Händlers / Aus zehn Eiern wird ein Hühnerhof
Abschnitt 5 (Z. 28–38): Ali Abu verteidigt sich / Ali Abu gewinnt den Prozess

8

Dem Händler wurde sogleich das Wort erteilt, […] (Z. 20)
„Ja, das stimmt!", rief der Kadi, „du hast Recht!" (Z. 27)
[…] und befahl mit eisiger Stimme: „Und jetzt verteidige dich! Aber zuerst musst du uns erklären, warum du zu spät gekommen bist!" […] (Z. 28-30)
Der Kadi rief darauf sogleich: „Du Dummkopf, […]" (Z. 34)

3. Schritt: Den Text in Abschnitte einteilen, Schlüsselwörter finden, Überschriften formulieren
Seite 49

2
a) Seit zwei Jahren.
b) Betty und Zuppi.
c) Sie fuhr in die Lüneburger Heide zum Wandern.
d) In Hörpel.
e) Einen Fahrradwimpel mit Aufschrift.
f) Zuppi.
g) 6 Jahre.
h) Der Vater.
i) Sie weint.
j) Der Vater.

3
„Zwei Jahre ist das her" (Z. 5)
„Endlich kamen wir nach Hörpel" (Z. 19)
„Irgendwann" (Z. 24)
„Zuppi schleppte breit grinsend" (Z. 43)

4/5/7
1. Abschnitt: Z. 1-4: Schwein, Rudi Rüssel
2. Abschnitt: Z. 5-18: Lüneburger Heide, Wandern, fürchterlich, Zuppi quengelt
3. Abschnitt: Z. 19-23: Hörpel, Feuerwehrfest
4. Abschnitt: Z. 24-42: Tombola, Lose, rote Nummer, Hauptgewinn, Schwein
5. Abschnitt: Z. 43-64: Ferkel, keine Haustiere, Zuppi weint, „Behalt das Vieh erst mal."

6
„Wir fuhren in die Lüneburger Heide und dann begann das, was wir Kinder überhaupt nicht mögen – es wurde gewandert. Fürchterlich." (Z. 7-9)
„Und weil wir dann immer sagten, wir wollen eine Limo, wurde Mutter langsam böse und meinte, wir sollten gefälligst erstmal etwas laufen." (Z. 13-15)
„Zuppi quengelte" (Z. 15)
„Fest [...] Die Dorffeuerwehr hatte ihr 50-jähriges Jubiläum" (Z. 20f.)
„Wir konnten uns endlich hinsetzen und bekamen unsere Limo." (Z. 23)
„Jetzt beginnt unsere Tombola." (Z. 25)
„Es gibt viele kleine und einen sehr nahrhaften Hauptpreis." (Z. 27)
„Jeder von uns durfte sich eins kaufen." (Z. 29)
„Zuppi zog eine rote Nummer." (Z. 31)
„die Gewinnerin des Hauptpreises." (Z. 33f.)
„Du hast nämlich ein kleines Schwein gewonnen." (Z. 40)
„machte Vater ein finsteres Gesicht." (Z. 46)
„Vater mag keine Haustiere." (Z. 48)
„Zuppi begeistert" (Z. 51)
„Nein"; rief Zuppi, „ich hab das gewonnen. Das gehört mir." (Z. 56)

„Gut, gut", sagte Vater, „dann behalt das Vieh erst mal." (Z. 64)

8
1. Abschnitt: Unser Schwein Rudi Rüssel
2. Abschnitt: Wandern in der Lüneburger Heide
3. Abschnitt: Rast beim Feuerwehrfest in Hörpel
4. Abschnitt: Zuppi zieht den Hauptgewinn
5. Abschnitt: Zuppi und ihr gewonnenes Ferkel

Vorübungen für Textzusammenfassungen II
Den Inhalt eines Textes sichern – Abschnitte zusammenfassen II
1. Schritt: Stichworte zu Textabschnitten erstellen
Seite 50

2
b)

3
Diese Antwort passt, weil der Indianerhäuptling die Äußerung wörtlich genommen hat.

Seite 51

4
Weißer Millionär, alter Indianerhäuptling, Einladung zum Steak-Essen, Appetit auf Steak, das erste Steak schnell aufgegessen, hungriger Blick, Bestellung eines zweiten Steaks, Missverständnis des Häuptlings

2. Schritt: Stichworte formulieren
Seite 53

2
Mütze, hinken, schwefeliger Geruch

3
Der Bauleiter vermutete, dass sich der Teufel bei ihm bewirbt, weil der Bewerber immer seine Mütze aufbehielt, hinkte und nach Schwefel roch.

4
„seine Kräfte waren tatsächlich übermenschlich" (Z. 16)
„Er schleppte heran, was zum Bau gebraucht wurde.
Aus den entferntesten Gegenden trug er die schwersten seltenen Gesteine herbei." (Z. 16-18)
„schaffte er unermüdlich." (Z. 19)

Stichworte: hatte übermenschliche Kräfte, schleppte alles heran, trug schwerste Steine, fleißig

5
Plan: Beide beschließen, dem Teufel einen Streich zu spielen. Sie schicken ihn mit einem Auftrag fort und weihen den Dom in seiner Abwesenheit ein.

topfit Deutsch – Lesekompetenz 1 © 2007 Oldenbourg Schulbuchverlag

3. Schritt: Stichworte zu Handlungsschritten erstellen
Seite 56
2/3
1. Abschnitt: Z. 1-22
2. Abschnitt: Z. 23-41
3. Abschnitt: Z. 42-53
4. Abschnitt: Z. 54-62
5. Abschnitt: Z. 63-66
6. Abschnitt: Z. 67-97
7. Abschnitt: Z. 98-124
8. Abschnitt: Z. 125-127

4
Unterstrichene Textstellen:
„Harun al Raschid" (Z. 1); „Kalif" (Z. 1); „verkleidet durch das nächtliche Bagdad" (Z. 2-3); „er vergessen hatte, sich Geld einzustecken" (Z. 6-7)
Stichworte: Kalif Harun al Raschid, verkleidet, Spaziergang durch das nächtliche Bagdad, kein Geld

5
Unterstrichene Textstellen:
„Er hob einen Stein von der Straße auf und warf ihn, als er beim Kastanienverkäufer vorbeikam, heimlich gegen ein Haustor. Da hallte ein mächtiger Schlag durch die nächtliche Straße, und der Kastanienverkäufer drehte sich erschrocken um." (Z. 10-14)
Stichworte: Steinwurf gegen ein Haustor, lauter Schlag, Kastanienverkäufer erschrak, drehte sich um

6
Unterstrichene Textstellen:
„Er warf, [...], heimlich die Schalen seiner Kastanien ins Feuer, und da knisterten, knackten und zischten die Flammen, [...] die Honigverkäuferin erschrocken zur Seite sprang und ängstlich das aufgeregte Feuerchen anstarrte." (Z. 29-34)
Stichworte: warf Kastanienschalen ins Feuer, Flammen knisterten und knackten, Honigverkäuferin erschrak, ängstlich, starrt ins Feuer

7
Unterstrichene Textstellen:
„schlenderte langsam in eine dunkle Nebenstraße, strich wie zufällig an einem Gartenzaun vorbei" (Z. 46-47)
„Stahl sich im vorübergehen eine Handvoll Kirschen" (Z. 48-49)
Stichworte: schlenderte in Nebenstraße, ging an einem Gartenzaun entlang, stahl heimlich Kirschen

8
Diebstahl des Ringes
Unterstrichene Textstellen:
„dass ich Euch den Ring beim Kastanienverkäufer abnahm aus Furcht, Ihr könntet damit hängenbleiben und Euch so verraten." (Z. 76-79)

Stichworte: Vorsichtsmaßnahme, Kalif könnte hängenbleiben

Seite 57
Diebstahl des Dolches
Unterstrichene Textstellen:
„Wie leicht hätte er gegen das eiserne Tischchen schlagen und Euch verraten können!" (Z. 85-87)
Stichworte: Vorsichtsmaßnahme, hätte gegen den Tisch schlagen können

Diebstahl des Ohrrings
Unterstrichene Textstellen:
„sonst wäret Ihr damit an einem Zweig hängengeblieben und hättet Euch das Ohrläppchen aufgerissen." (Z. 93-95)
Stichworte: Vorsichtsmaßnahme, Kalif hätte am Zweig hängenbleiben können und sich das Ohrläppchen aufreißen können

Seite 57
9
Kalif: Diebstahl der Kastanien – Diebstahl des Honigs – Diebstahl der Kirschen
1 Tag später: hohe Belohnung für die Finder von Ring, Dolch, Ohrring
mehrere Wochen später: Verhör des Bartscherers, Freilassung, Geschenk

Bartscherer: Diebstahl des Ringes, Diebstahl des Dolches, Diebstahl des Ohrrings
mehrere Wochen später: Festnahme, Verteidigung

Seite 58
11
Der Kalif war von dem Können des Bartscherers sehr beeindruckt, weil er ihn weder gehört noch gesehen hat. Er nennt den Bartscherer deshalb auch Meister.

12
Belohnung für die Sorge um ihn, Bewahrung des Geheimnisses, Anerkennung des Könnens

13
„Weil aber der Kalif nicht gewohnt ist, auf Wünsche zu verzichten, so kam Harun al Raschid auch ohne Geld ...:
Z. 7-9, 26-29, 43-45

14
a), b), e)

Gesamtübung II
Teil 1
Seite 59
1
a), b), d)

2

b), c)

3

a), c), d)

4

a), d)

Teil 2

Seite 60

2

c), d), f)

Seite 61

3

a)

4

5 Abschnitte

5

a) passt zu keinem Abschnitt; b) Abschnitt 2;
c) Abschnitt 3; d) Abschnitt 5

6

a) Begründung: Es ist sehr schwer, eine Stelle in einem
See wiederzufinden, weil die Wasseroberfläche überall
gleich aussieht. Außerdem wog die Glocke zwanzig Zentner und man hätte sie kaum wieder an die Oberfläche
bekommen.

7

c)

Sach- und Gebrauchstexte verstehen
Nicht lineare Sachtexte
Orientierendes und intensives Lesen
Was sind Sach- und Gebrauchstexte?
Seite 62

1

Fernsehprogramm, Kochrezept, Fahrplan, Bastelanleitung,

2

Werbeplakat: informiert über ein Produkt, z.B. ein neues
Handy
Bedienungsanleitung: informiert darüber, wie man einen
Gegenstand bedienen muss
Telefonbuch: informiert über die Telefonnummer eines
Fernsprechteilnehmers

Telefonbucheinträge: Informationen zuordnen

1

Hauptmann: Nachname
Gerd: Vorname
Am Kirchplatz 25: Straße und Hausnummer
92 78 93: Telefonnummer

Seite 63

2

Der Bindestrich vor dem Vornamen steht für denselben
Nachnamen.

3

Man erfährt, welchen Beruf Katrin Hecht ausübt. Sie ist
Sportlehrerin.

Seite 64

4

6: Ablesen der Telefonnummer von Lukas Hegmann.
3: Genaues Lesen der Einträge Hegm-.
5: Genaues Lesen der Vornamen mit dem Anfangsbuchstaben L- bis zu Lukas.
2: Überfliegen der Spalte He- bis zu den Nachnamen
Hegm-.
1: Aufschlagen der Seite mit den Nachnamen, die mit
He- beginnen.
4: Falls mehrere Einträge Hegmann vorhanden sind, die
Vornamen bis zum Anfangsbuchstaben L- überfliegen.

Die Telefonnummer der Zoohandlung von Lukas Hegmann lautet 92 99 90.

5

a) 84 24 91
b) Weidestr. 53
c) Brunnenstr. 10
d) Sonnenweg 7
e) Hawighorster See
f) Dr. Joachim Hellmann
g) 95 21 06
h) Dirk Hebbe
i) Susanne Heckmann

6

Die Nachbarin heißt Hanne Heggemann und wohnt in der
Schulstraße 12. Vor- und Nachname der beiden unter-
scheiden sich nur jeweils durch einen Buchstaben (Anne
– Hanne; Hegemann – Heggemann).

Seite 65

7

a) Familie Bernd Hausmann (45 22 91) und Familie
    Gerhard Hausmann (45 23 91)
b) Andreas Heckel: 82 88 83
c) Hans Heckmann: 78 25 69

topfit Deutsch – Lesekompetenz 1 © 2007 Oldenbourg Schulbuchverlag

Tabellen und Informationszettel lesen, Fußnoten zuordnen und verstehen

1

Mögliche Stichworte um Cluster „Stundenplan": Unterrichtsstunde, Unterrichtsfach, Raum, Wochentag, Unterrichtsbeginn, Unterrichtsschluss

Seite 67
3

a), b), e), f)

4

Die zweite Fußnote wird durch einen kleinen Kreis (°) gekennzeichnet.

5

Fußnote (*): Information über eine begrenzte Teilnehmerzahl
Fußnote (°): Information über entstehende Kosten bei der Teilnahme an dieser AG.

6

Hausaufgabenhilfe: Ältere Schüler helfen Schülern; Backen: Kuchen, Pizza und noch mehr; Gitarre; Chor I; Tanz I; Fußball; Basteln; Informatik I

7

Backen: Kuchen, Pizza und noch mehr; Gitarre; Basteln; Informatik I

8

Ja. Begründung: Die AG Technik (Mi) und die AG Gitarre (Mo) finden an unterschiedlichen Wochentagen statt.

9

Nein, weil für diese beiden Jahrgangsstufen keine gemeinsame Tanz-AG angeboten wird. Alica muss mittwochs die Tanz AG I und Sophie donnerstags die Tanz-AG II besuchen.

Seite 68
10

Beide AGs finden dienstags von 13.30–15.15 Uhr statt.

12

Fettdruck: Überschrift, Abgabetermin, Beginn der AGs, wichtiger Hinweis für die Teilnahme an kostenpflichtigen AGs
Einrückung: Eintragungslinien für die AG-Wahlen, Datum und Unterschrift

13

Es wird dann ausgelost, wer eine AG mit begrenzter Teilnehmerzahl belegen darf, wenn mehr Schülerinnen und Schüler an dieser AG teilnehmen möchten, als möglich ist.

14

Letzter Abgabetermin: Mittwoch, 29.08.20... - 2. große Pause

Seite 69
15

Einwurf in den Kasten vor dem Sekretariat

16

Sie haben nicht angekreuzt, dass sie bereit sind, einen Unkostenbeitrag zu zahlen.

Diagramme lesen und auswerten

1

Das Diagramm informiert darüber, welche AGs die 120 Schülerinnen und Schüler des 6. Jahrgangs in dem Schuljahr 2006/2007 gewählt haben.

2

Y-Achse: Anzahl der Schülerinnen und Schüler

3

X-Achse: AG-Angebote

Seite 70
4

Jede einzelne Säule zeigt, wie viele Schülerinnen und Schüler die jeweilige AG gewählt haben.

5

Platz 1: AG Informatik, Platz 2: AG Fußball, Platz 3: AG Tanz

6

AG Informatik: 32 Schüler, AG Backen: 14 Schüler, AG Chor: 16 Schüler

7

Das Diagramm zeigt, wie viele Jungen und wie viele Mädchen eine AG gewählt haben.

8

grau: Jungen, blau: Mädchen

9

Man kann ablesen, ob eine AG besonders bei Jungen, bei Mädchen oder bei beiden gleich beliebt ist.

Seite 71
10

	Jungen	Mädchen
a) AG Chor	6	10
b) AG Tanz	4	18
c) AG Fußball	16	8

11

a), c), d)

12

Es ist sinnvoll, auf der x-Achse die verschiedenen Fächer einzutragen.

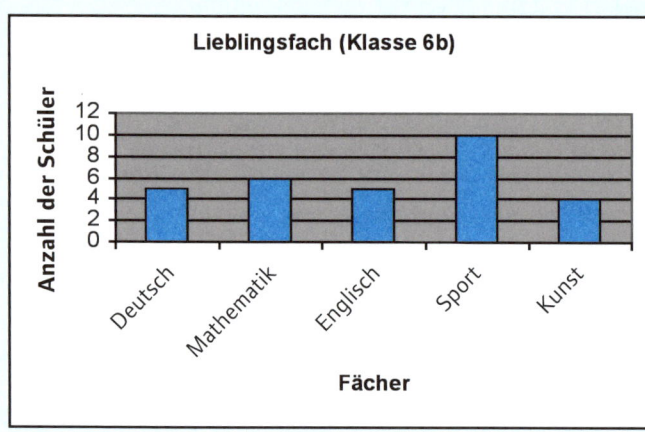

Fahrpläne richtig lesen
Busfahrpläne
Seite 72

1

Die Namen der Haltestellen stehen links, die Abfahrt-zeiten rechts daneben.

2

S bedeutet, dass der Bus zu den angegebenen Zeiten an Schultagen fährt.

3

a), d), e), f), g)

4

Ankunft am Schulzentrum: 7 Uhr 43

Seite 73

5

23 Minuten

6

13 Minuten

7

Der nächste Bus fährt 8.31 Uhr.

8

Der Bus fährt bis 10.05 Uhr nur alle 30 Minuten, danach erfolgt eine Fahrplanumstellung auf alle 20 Minuten.

9

Abfahrt Hauptbahnhof: 11.11 Uhr
Ankunft Zoo: 11.34 Uhr

10

Er könnte den Bus an der Haltestelle Sportplatz nicht erreichen, weil der Bus dort schon um 11.28 Uhr abfährt.

Seite 74
11

Der Bus um 17.09 Uhr darf nicht verpasst werden.

Zugfahrpläne

1

Eintragungen in Suchmaske: Abfahrtsort, Zielort, Reise-datum, Uhrzeit, Abfahrt / Ankunft, Reisende, Ermäßi-gung, Klasse

Seite 75

2

Dauer = Fahrzeit des Zuges

3

Umsteigen

4

Zugtyp

5

RE = RegionalExpress, ICE = InterCityExpress

6

ICE

7

RE

8

Gleis 3

9

Gleis 2

10

Für den Wandertag würde sich Zug 1 (RE) anbieten, da er zur gewünschten Zeit in Osnabrück abfährt und eher in Bremen ist als Zug 2 (ICE). Eine Verbindung mit einem ICE ist außerdem teurer.

Lineare Sachtexte
Orientierendes und intensives Lesen
1. Schritt: Antworten aus einem Text heraussuchen
2

Beuteltiere; Begründung: Der Text informiert allgemein über Beuteltiere.

4

a) Heute gibt es noch 241 Arten (Z. 6)
b) das Känguru, von dem wir 51 Arten kennen (Z. 15)

c) Maus- bis Menschengröße (Z. 6f.)
d) Beutelbär (Eukalyptusblatt-Fresser) (Z. 13)
e) Nordamerika (Z. 9)

2. Schritt: Fragen zu einem Sachverhalt stellen, Antworten suchen
Seite 77
1/2/3

Wo lebt ein Känguru?	Australien
Wie groß ist ein Riesen-känguru?	?
Warum heißt es Riesen-känguru?	Größe
Was frisst ein Riesenkän-guru?	Blätter, Gras
Wie sieht ein Riesenkän-guru aus?	graues Fell, ...

Seite 78
5
Lebensweise, besondere Fähigkeiten, Ernährung, Ausse-hen

7
a) Das Riesenkänguru ist fast mannsgroß.
b) Das Fell eines Känguru-Weibchens ist mausgrau.
c) Ein Känguru frisst Gras und Laub.
d) Ein Känguru kann 2–3 m hoch springen.
e) Ein Junges ist bei der Geburt 2 cm lang.

8
Beispielfragen:
Wo lebt das Riesenkänguru? (Z. 1f.) In den weiteren Busch- und Grassteppen Australiens.
Welche Geschwindigkeiten kann es auf der Flucht errei-chen? (Z. 9f.) 70 km/h.

9
a) Die Aussage trifft zu, weil an dieser Textstelle über die Lebensweise der Tiere informiert wird.
b) Die Aussage trifft zu, weil sich die Tiere z.B. bei Ge-fahr gegenseitig warnen.

3. Schritt: Fragen an einen Text stellen, Antworten suchen, Informationen auswerten
Seite 79
1
Mögliche Fragen:
Wer soll aus Cola-Dosen etwas lernen?
Was hat ein Dinosaurier mit Cola-Dosen zu tun?

Seite 80
3
c), d)

5
a) Amerika, Afrika, Australien
b) 230 Millionen Jahre
c) Sandstaub, Lava, Pflanzenreste
d) Jura
e) aus Pflanzenresten, aus Überresten von Tieren

7
Cola-Dosen können bei der Altersbestimmung einer Erd-schicht helfen. Wenn zukünftige Forscher bei einer Aus-grabung von Cola-Dosen einmal das Alter dieser Schicht bestimmen können, gilt diese Altersbestimmung weltweit für jede andere Schicht, in der Cola-Dosen gefunden werden.

Seite 81
8
a), d)

Den Inhalt eines Textes sichern – Texte bearbeiten
1. Schritt: Texte in Abschnitte einteilen – Schlüssel-wörter nutzen – Überschriften zuordnen
1
Mögliche Stichworte im Cluster „Ernährung": Vitamine, ungesund, Gemüse, Frühstück, Übergewicht, vitaminarm, Brot, Lieblingsspeise, gesund, Fleisch, Pausenbrot, Fett, Getränke, Obst

Seite 82
3
Es ist kaum zu glauben, dass diese englischen Mütter gegen gesundes Essen sind.

5
1. Abschnitt: Z. 1–3
2. Abschnitt: Z. 4–7
3. Abschnitt: Z. 8–10
4. Abschnitt: Z. 11–14
5. Abschnitt: Z. 15–16

6
c)

Seite 83
7
In diesem Abschnitt wird darüber informiert, dass eng-lische Kinder übergewichtig sind.

8

Diese Überschrift ist nicht genau passend, weil es in diesem Abschnitt nicht darum geht, dass Jamie Oliver kocht. Der Abschnitt berichtet über seinen Vorschlag, für die Schulen gesunde Menüs zusammenzustellen und diese anzubieten.

9

Beispiel: Gesunde Menüs in den Schulen

10

3. Abschnitt: Geschmack der Mütter, Kinder werden nicht satt
4. Abschnitt: offener Aufstand, Hamburger durch Zaun des Schulhofs
5. Abschnitt: Schulleiter, gesundes Essen, hart bleiben, Kinder lernen besser

11

3. Abschnitt, z.B.: Die Meinungen gehen auseinander
4. Abschnitt, z.B.: Aufstand der Mütter
5. Abschnitt, z.B.: Besser lernen

12

Der Schulleiter lässt sich von den Protesten der Mütter nicht beeinflussen, weil er von dem gesunden Essen überzeugt ist und gemerkt hat, dass die Schülerinnen und Schüler nachmittags besser lernen können.

2. Schritt: Texte in Abschnitte einteilen – Schlüsselwörter unterstreichen – treffende Überschriften finden
Seite 84
2
Der Text wird durch eine eingefügte Tabelle unterbrochen.

Seite 85
3/4
1. Abschnitt: Z. 1–3
2. Abschnitt: Z. 4–14
3. Abschnitt: Z. 15–20
4. Abschnitt: Tabelle
5. Abschnitt: Z. 21–22

5
b), c), d), e), g), h)

6
2. Abschnitt: bestimmte Nahrungsmittel wichtig für Gesundheit, Skorbut, Seeleute starben an harmlosen Infektionskrankheiten, Zitronensaft wirksam, um 1935, Vitamin C oder Ascorbinsäure
3. Abschnitt: fünf Vitamine (A, B, D, E, K); A, D; E; K in Körperfett gespeichert; B-Vitamine und Vitamin C nicht speicherbar, jeden Tag damit versorgen

5. Abschnitt: kein Nahrungsmittel, das alle Vitamine enthält; vielfältige Ernährung wichtig

8

Warum wurden früher Seefahrer krank?

9

3. Abschnitt: Welche unterschiedlichen Vitamine gibt es?
5. Abschnitt: Warum ist eine vielfältige Ernährung wichtig?

10

Die unterschiedlichen Vitamine und ihr Vorkommen

11

a), c)

3. Schritt: Abschnitte, Schlüsselwörter, Überschriften – Zusammenfassung

1

Welche Schreib-Weisen sind gemeint?	Schriftarten (Druckschrift, Schreibschrift), Rechtschreibung ...
Warum wird Schreib-Weisen mit Bindestrich geschrieben?	Es geht nicht um die Schreibweise von Wörtern (Rechtschreibung).
Welche unterschiedliche Schreib-Weisen gibt es?	unterschiedliche Schriftzeichen der Chinesen und Ägypter
Seit wann gibt es Schriftzeichen?	Hieroglyphen der alten Ägypter

Seite 87
4

Ideogramm: Erklärung im Text: „Ideenbild" (Z. 23); Zeichnung, die einen Begriff darstellt.
phonetisch: Erklärung im Text: „auf Lauten beruhend" (Z. 28); lautgetreu

Seite 88
6/7
1. Abschnitt: Z. 1–7
2. Abschnitt: Z. 8–13
3. Abschnitt: Z. 14–19
4. Abschnitt: Z. 20–23
5. Abschnitt: Z. 24–30
6. Abschnitt: Z. 31–36
7. Abschnitt: Z. 37–40
8. Abschnitt: Z. 41–44

topfit Deutsch – Lesekompetenz 1 © 2007 Oldenbourg Schulbuchverlag

8

1. Abschnitt: Sumerer, Nahen Osten, vor mehr als 5 000 Jahren, Schreiben erfanden, Vorschrift, jede Familie, Teil ihres Besitzes, Priestern im Tempel, keine Möglichkeit, Eigentum zu kennzeichnen, zu notieren, wer was abgegeben hatte.
2. Abschnitt: Jeder Familie, Zeichen, Steinzylinder eingemeißelt, Stempel, weichen Ton, trocknen, Lederriemen, „Halsketten", Tieren und Haushaltsgegenständen
3. Abschnitt: Priester, schlaue Idee, Bilder von allen Gutem, ritzten. Strich unter das entsprechende Zeichen
4. Abschnitt: Zeichen, Ideen oder Vorstellungen, Zeichnung, Weizenhalm, „Weizen", oder Vorstellung von „viel", Ideenbilder nennt man Ideogramme.
5. Abschnitt: Priester, Entdeckung, jedem Laut ein Zeichen zuordneten, wenigen grundlegenden Zeichen viele neue Wörter, Anfang, heutigen Schreibsystems, des phonetischen Alphabets, Sumerer, 500 Zeichen, für Silben und Vokale, Stiften aus Riedgräsern, Ton.
6. Abschnitt: Ägypter, Alphabet, Zeichnungen von Tieren und Menschen, Hieroglyphen, Tinte, Ruß, Wasser und Holzkohle, Stängel von Riedgräsern, Füllfederhalter, malten, Zeichen auf Matten aus Stängeln der Papyrusstaude.
7. Abschnitt: 1500 v. Chr., Chinesen, eigene Schrift, Kombination aus Ideogrammen und Lautzeichen, tausende, Zeichen, Tinte, Kamelhaar-Pinseln, Seidentücher
8. Abschnitt: geschriebene Sprache, überall, oftmals gewandelt. Unser Alphabet, 26 Zeichen (Buchstaben), von, Griechen und Römern, 1000 v. Chr., Nahen Osten übernommen und abgewandelt

9

a) Abschnitt 5, b) Abschnitt 8, c) Abschnitt 2, d) Abschnitt 6, e) Abschnitt 5, f) Abschnitt 7, g) Abschnitt 3

10

1. Abschnitt: Warum die Sumerer vor 5000 Jahren das Schreiben erfanden
2. Abschnitt: Ein eigener Stempel für jede Familie
3. Abschnitt: Die Auflistung von Besitz und erfolgter Abgabe
4. Abschnitt: Ein Zeichen als Darstellung einer Idee
5. Abschnitt: Die Entdeckung des phonetischen Alphabets
6. Abschnitt: Ägyptische Hieroglyphen
7. Abschnitt: Chinesische Schriftzeichen
8. Abschnitt: Unser Alphabet aus 26 Buchstaben

Seite 88/89

11

a) Vor mehr als 5000 Jahren.
b) Jede Familie war zu einer Besitzabgabe an die Priester im Tempel verpflichtet.
c) Mithilfe eines eigenen Stempels fertigte die Familie Tonanhänger und band sie jedem Tier oder Gegenstand ihres Besitzes um.
d) Sie zeichneten Bilder von allen Gütern einer Familie und ritzten für jede Abgabe einen Strich unter das entsprechende Zeichen.
e) Das Alphabet der Ägypter besteht aus Zeichnungen von Tieren und Menschen.
f) Die Schrift der Chinesen ist eine Kombination aus Ideogrammen und Lautzeichen.
g) Unser Alphabet geht auf die Griechen und Römer zurück.

Texte zusammenfassen
Den Inhalt eines Textes sichern
1. Schritt: Aufgabenstellungen verstehen, Stichworte aus Abschnitten herausschreiben
Seite 90

2

a), c), e)

Seite 91

4

Ich muss den ersten Abschnitt gründlich lesen und Schlüsselwörter/Kernaussagen finden, die die Frage beantworten, wodurch Meerschweinchen in freier Natur überleben können.

5

unscheinbar, unauffällig, Fellfarbe an den Lebensraum angepasst, perfekte Tarnung, nächtliche Lebensweise, Rudeltiere

7

Ich muss die ersten beiden Abschnitte des Textes gründlich lesen und die in der Tabelle geforderten Informationen heraussuchen.

Wildmeerschweinchen

Vorkommen	Südamerika: brasilianischer Busch und Hochland von Peru (bis in 5000 Meter Höhe)
Aussehen	graubraunes Fell
Lebensweise	- Rudeltiere, in Kolonien von 20 bis 40 Tieren - verlassen erst in der Dämmerung ihre Baue, um auf Nahrungssuche zu gehen
Besonderheit	- sehr gut an den Lebensraum angepasst - in Südamerika beliebte Speise

Seite 92

8

c)

9

Man sollte nicht ein Meerschweinchen alleine als Haustier halten, weil sie in freier Natur als Rudeltiere in Kolonien von 20 bis 40 Tieren leben. Sie brauchen deshalb den Kontakt zu Artgenossen.

2. Schritt: Aufgabenstellungen verstehen, Stichworte aus einem Text herausschreiben
Seite 94
3

Der Text enthält viele Abkürzungen und Zahlen.

5

Ich muss den Text gründlich lesen und die in der Tabelle geforderten Informationen heraussuchen.

Hochgeschwindigkeitsbahnen der Welt

Abkür-zung	Name des Zuges	gebaut in	Höchstge-schwindigkeit
TGV	--	Frankreich	515 km/h
MLX01	Maglev	Japan	581 km/h
ICE	Intercity-Express	Deutsch-land	406 km/h
--	Bullet-Train, „Shinkan-sen"	Japan	300 km/h

6

Jahreszahl	Fahrzeit
1846	9 Std.
1866	6 Std.
1933	2 Std. 18 Min.

7

Blut in das Gehirn gepresst ☐ Todesfolge, Verblödung

Seite 95
8

Halt an Stationen, Verlangsamung in Städten, Kurven und alten Gleisabschnitten

9

Auf den Bahnstrecken möchte man durch eine gerade Streckenführung eine höhere Geschwindigkeit erreichen. Dazu baut man in neuen Abschnitten Brücken und Tunnel.

3. Schritt: Aufgabenstellungen verstehen, Stichworte herausschreiben, Sachverhalte zusammenfassen
1

Mögliche Stichworte im Cluster: Zufall, Nahrungssuche ausgeweitet, einige Braunbären wurden übers Eis abgedriftet

Seite 97
3

b), c)

5

Der zweite Teil beginnt in Z. 30.

6

Ich muss die Zeilen 6-22 intensiv lesen und Informationen heraussuchen, die die Entwicklung vom Braunbären zum Eisbären erklären.
Schlüsselwörter: vor etwa 200.000 Jahren, wachsende Gletscher, eingeengte Lebensräume der Braunbären, sibirische Braunbären wandern an die Küste des Polarmeeres, neue Nahrungsquelle: Robben, Erlernen des Robbenfangs, Entwicklung zum Eisbären durch natürliche Auslese, aus Allesfresser wird Fleischfresser, Rückzug des Eises durch Erwärmung, Eisbären folgen der Beute auf Packeis

Seite 98
7

Zeitstrahl links: vor 200 000 Jahren, im Verlauf der Jahrtausende, heute
Reihenfolge Stichworte rechts:
- wachsende Gletscher engten den Lebensraum ein
- sibirische Braunbären wanderten zur Küste des Polarmeeres
- Robben als neue Nahrungsquelle
- Erlernen des Robbenfangs, Spezialisierung
- Entwicklung zum Eisbären durch natürliche Auslese
- Rückzug des Eises durch Erwärmung
- Eisbären folgten ihrer Beute auf das Packeis
- müheloses Leben der Eisbären auf, im und am Nordpolarmeer

Seite 99
9

Wie erklären sich die Wissenschaftler die Entwicklung vom Braunbären zum Eisbären?

Vor etwa 200 000 Jahren engten wachsende Gletscher den Lebensraum der Braunbären stark ein und veränderten ihn. Deshalb wanderten einige Braunbären in Sibirien bis zur Küste des Polarmeeres. Dort entdeckten sie die Robben als eine neue Nahrungsquelle. Da es im Polarmeer Millionen Robben gab, erlernten die Braunbären den Robbenfang und spezialisierten sich darauf. Durch natürliche Auslese entwickelte sich im Laufe der Jahrtausende dann der Eisbär.

topfit Deutsch – Lesekompetenz 1 © 2007 Oldenbourg Schulbuchverlag

In einer warmen Klimaperiode zog sich jedoch das Eis wieder zurück. Da die Eisbären sich inzwischen aber auf Robbenfang spezialisiert hatten, folgten sie ihnen vom Land auf das Packeis. Heute können die Eisbären mühelos auf, im und am Nordpolarmeer leben.

10

hellere Fellfärbung der Vorfahren, Vorteile in Eis und Schnee (Beutefang), hellere Bären erfolgreicher, elfenbeinfarbene und weiße Fellfärbung setzt sich durch

Seite 100

11

Anpassungen an die klimatischen Bedingungen	Vorteil
helle Fellfärbung	erfolgreicherer Beutefang
dichtes Fell	Kälteschutz
spitze, kurze Krallen	besseres Greifen der Robben
Eckzähne mit scharfen Kanten	besseres Beißen des Fleisches
Fellpolster an den Pfoten	Kälteschutz, verhindern ein Ausrutschen
Schwimmhäute zwischen den Zehen der Vorderpranken	Füße werden zu Paddeln

13

Die Anpassungen des Eisbären an die klimatischen Bedingungen

In der eis- und schneebedeckten Umgebung konnten sich die Vorfahren der Eisbären mit einer helleren Fellfärbung leichter unbemerkt an die Beute heranschleichen als Bären mit einem dunklen Fell. Da Bären mit einer helleren Fellfärbung im Beutefang deshalb erfolgreicher waren, setzte sich die elfenbeinfarbene und weiße Fellfärbung durch. Ein immer dichter werdendes Fell schützte sie vor der Kälte.
Die ursprünglich langen Krallen der Vorderpfoten wurden spitzer und kürzer, weil damit die Robben besser gegriffen werden konnten.
Als Fleischfresser veränderte sich das Gebiss, denn mit scharfen Kanten an den Eckzähnen konnten sie das Fleisch besser beißen.
An den Pfoten entwickelten sich Fellpolster als wichtiger Kälteschutz und zur Verhinderung eines Ausrutschens auf Eis und Schnee.
Zusätzlich bildeten sich zwischen den Zehen der Vorderpranken Schwimmhäute aus, die sogar das Paddeln ermöglichen.

Durch diese vielfältigen Anpassungen können die Eisbären in den extremen klimatischen Bedingungen leben und besiedeln heute die gesamte Arktis.

Gesamtübung III
Seite 102
2
Ernte der Kakaofrüchte
Herstellung von Schokolade

3
Es sind 8 Abschnitte.

4
a) Abschnitt 1
b) passt zu keinem Abschnitt
c) passt zu keinem Abschnitt
d) Abschnitt 4

5
7-4-2-8-5-1-6-9-3

Seite 103
6
a), d)

8
b)

9
a), b)

Seite 104
10
Ja, z. B. nach Z. 38
Begründung: Man kann das Säulendiagramm gut in den Text einbinden, da dort darüber informiert wird, dass die meisten Frachtschiffe die Kakaobohnen nach Europa und in die USA transportieren. Das Säulendiagramm zeigt, wie hoch in diesen Ländern der Pro-Kopf-Verbrauch an Kakaobohnen in z. B. in europäischen Ländern und in den USA ist.

Textquellenverzeichnis

S. 14: Bei Pippi Langstrumpf zu Besuch. Aus: Lindgren, Astrid. Pippi Langstrumpf. Deutsch von Cäcilie Heinig. Hamburg 1986. © Verlag Friedrich Oetinger. S. 199

S. 15f., 106f. Die großen Entdecker. Text von: Schönbein, Sandra. Aus: WAS IST WAS. Wissensrätsel. Das Meer. Nürnberg: Tessloff Verlag 2005, S. 7 und S. 10f.

S. 19: Papier-Pioniere. Aus: Bourgeois, Paulette. Papier wächst nicht auf Bäumen. Aus dem Amerikanischen von Barbara Weiner. Würzburg 1990. © Benziger Edition im Arena Verlag GmbH, S. 20f.

S. 19f.: Papierherstellung in der Natur. Verändert nach: Bourgeois, Paulette. Papier wächst nicht auf Bäumen. Aus dem Amerikanischen von Barbara Weiner. Würzburg 1990. © Benziger Edition im Arena Verlag GmbH, S. 30f.

S. 21f.: Piraten - die Schrecken der Meere. Text von: Schönbein, Sandra. Aus: WAS IST WAS. Wissensrätsel. Das Meer. Nürnberg: Tessloff Verlag 2005, S. 10f.

S. 25: Thor, Annika. Eine Insel im Meer. Hamburg 1998, 2001. Aus dem Schwedischen von Angelika Kutsch. © der deutschsprachigen Ausgaben: Carlsen Verlag GmbH

S. 25: Streble, Heinz. Was find ich am Strande? Stuttgart 1990 © Franckh-Kosmos Verlags-GmbH & Co.

S. 25: Röckener, Andreas. Piraten-Party. München 2002. © OMNIBUS Taschenbuch / C. Bertelsmann Jugendbuchverlag, München in der Verlagsgruppe Random House GmbH

S. 29: Waren die Schildbürger wirklich so dumm, wie sie taten? Aus: Kästner, Erich: Die Schildbürger. Hamburg: Cecilie Dressler Verlag, 1993, S. 9. © Atrium Verlag, Zürich

S. 30: Die drei chinesischen Bürgermeister. Aus: Krüss, James: Märchen. Hamburg: © Verlag Friedrich Oetinger 1991, S. 81 ff.

S. 32-34: Balduin Pfiff: Die Spur der Schnecke. Aus: Ecke, Wolfgang. Gauner, Gangster, Geistesblitze. Ravensburger Buchverlag Otto Maier GmbH 1987, S. 164ff., © Angelika Ecke-Roeske, Murnau

S. 35-38: Die Enten an der Schnur und andere Jagdgeschichten. Aus: Kästner, Erich: Münchhausen. Hamburg: Cecilie Dressler Verlag, 1979, S. 29ff. © Atrium Verlag, Zürich 1951

S. 40f.: Der versalzene Gemeindeacker. Aus: Kästner, Erich: Die Schildbürger. Hamburg: Cecilie Dressler Verlag, 1993, S. 37ff. © Atrium Verlag, Zürich

S. 43: Der Igel und der Maulwurf. Aus: Äsop. Der Igel und der Maulwurf. Aus: Mudrak, Edmund (Hrsg.). Das große Buch der Fabeln. Reutlingen: Ensslin & Laiblin Verlag 1962

S. 45: Ali Abu und die gekochten Eier. Aus: Märchen aus 1001 Nacht, entnommen dem Buch: Arnold, Marlis. Das Märchen-Kochbuch. Könemann Verlagsgesellschaft mbH Köln 2002, S. 137f.

S. 47f.: Timm, Uwe: Rennschwein Rudi Rüssel. Mit Illustrationen von Axel Scheffler und einem Nachwort des Autors. © 2002 Nagel & Kimche im Carl Hanser Verlag, München - Wien

S. 50: Eines Indianers Appetit. Aus: Hetmann, Frederik: Frederik Hetmann's Wildwest Show. Weinheim und Basel: Beltz Verlag, 1973. S. 80. © Elinor Kirsch, Limburg

S. 52: Der Domstein. Aus: Richter, Hans Peter. Der Domstein. © Leonore Richter-Stiehl, Mainz. Aus: Günther, Herbert (Hrsg.). Das neue Sagenbuch. Ravensburg: Maier, 1980, S. 110f.

S. 54f.: Der Kalif und der Bartscherer. Aus: Krüss, James: Mein Urgroßvater und Ich. Hamburg: © Verlag Friedrich Oetinger 1959, S. 163ff.

S. 60: Die versunkene Glocke. Aus: Kästner, Erich: Die Schildbürger. Hamburg: Cecilie Dressler Verlag, 1993, S. 71ff. © Atrium Verlag, Zürich

S. 76: Beuteltiere. Aus: Dircksen, Dr. Rolf, Dircksen, Grete. Tierkunde, 1. Band: Wirbeltiere. München: Bayerischer Schulbuch-Verlag ³1972, S. 112

S. 77f.: Das Riesenkänguru. Aus: Schmeil, Otto Walter (bearbeitet von Prof. W. Mergenthaler). Tierkunde Band 1. Heidelberg. Quelle & Meyer 1970, S. 91f.

S. 79f.: Was kann man aus Cola-Dosen lernen? Aus: Janßen, Ulrich / Steuernagel, Ulla. Die Kinder-Uni. Erstes Semester. Forscher erklären die Rätsel der Welt. © 2003 Deutsche Verlags-Anstalt, München, in der Verlagsgruppe Random House GmbH, S. 23 ff.

S. 82: Aufstand der Moppel-Mamas. Aus: GEOlino 01/2007, Verfasser unbekannt. Verlag Gruner und Jahr, S.61

S. 84: Vitamine. Aus: Der Kinder Brockhaus in drei Bänden © Bibliographisches Institut & F.A. Brockhaus AG, Mannheim 2004, S. 582

S. 86f.: Die Schreib-Weisen. Aus: Bourgeois, Paulette. Papier wächst nicht auf Bäumen. Würzburg 1990. Aus dem Amerikanischen von Barbara Weiner © Benziger Edition im Arena Verlag GmbH, S. 12f.

S. 90: Die wilden Verwandten der Meerschweinchen. Aus: Warum Meerschweinchen? / Das macht Meerschweinchen so liebenswert, in: Birmelin, Immanuel. Meerschweinchen glücklich & gesund. München © Gräfe und Unzer Verlag GmbH 2002, S. 6-8

S. 92f.: Die schnellsten Züge der Welt (gekürzt). Aus: Stefan Greschik. Hochgeschwindigkeitsbahnen. Die schnellsten Züge der Welt. GEOlino 01/2007, Verlag Gruner und Jahr, S. 22ff.

S. 96f.: Wie der Braunbär zum Eisbären wurde. Aus: Pohl-Apel, Gunvor. Der Eisbär. König der Arktis. © XENOS Verlagsgesellschaft mbH Hamburg 1994, S. 7-11 (gekürzt)

S. 101: Schokolade. Von Alexandra Stober. Aus: GEOlino 04/2007. Verlag Gruner + Jahr, Hamburg, S. 26-30